天津市科普重点项目

乡村实用信息技术丛书

乡村电子商务

实用技术

主　编　王丽娟　信丽媛

编　者　杨　勇　陈绍慧　张大亮

贾宝红　刘　伟　王春水

天津出版传媒集团

天津科技翻译出版有限公司

图书在版编目(CIP)数据

乡村电子商务实用技术 / 王丽娟, 信丽媛主编. —
2 版. — 天津 : 天津科技翻译出版有限公司, 2021.1(2021.9 重印)
(乡村实用信息技术丛书 / 陈绍慧主编)
ISBN 978-7-5433-4063-3

Ⅰ. ①乡… Ⅱ. ①王… ②信… Ⅲ. ①农村-电子商务-中国 Ⅳ. ①F724.6

中国版本图书馆 CIP 数据核字(2020)第 265948 号

乡村电子商务实用技术
XIANGCUN DIANZI SHANGWU SHIYONG JISHU
王丽娟　信丽媛　主编

出　　版:天津科技翻译出版有限公司
出 版 人:刘子媛
地　　址:天津市南开区白堤路 244 号
邮政编码:300192
电　　话:(022)87894896
传　　真:(022)87895650
网　　址:www.tsttpc.com
印　　刷:天津新华印务有限公司
发　　行:全国新华书店
版本记录:710mm×1000mm　16 开本　8.75 印张　165 千字
2021 年 1 月第 2 版　2021 年 9 月第 3 次印刷
定价:32.00 元

丛书编委会

丛书前言

实施乡村振兴战略，农业信息化是突破口。农业信息化是农业现代化的重要标志，是现代农业的制高点，对于加快转变农业发展方式、建设现代农业具有重要作用。农民是乡村振兴的承载者，也是乡村振兴的受益者，更是乡村振兴效果的评判者。我们看到，在当前国家信息化发展大潮中，城乡数字化鸿沟是现实存在的，农民的信息化应用水平还需要进一步提升，本地化熟悉信息技术的人才还需要进一步培养。加强信息化科普教育，是尽快提升农村居民信息科学普及程度的重要手段和路径。

编辑出版《乡村实用信息技术丛书》正是贯彻落实习近平总书记和党中央关于农业农村信息化发展的部署要求，将先进的、实用的信息技术有针对性地传送到乡村振兴主战场，为我国农业现代化的发展提供科技支撑，是顺应历史潮流、惠泽广大农民、落实乡村振兴的重要举措。

本套丛书立足天津市农村和农业生产实际，突出实用性、通俗性和新颖性，从乡村互联网、乡村物联网、乡村电子商务、乡村无纸化办公 4 个层次多侧面、多角度、全方位介绍实用信息技术，并辅以常见问题及解决方法，重点技术及操作配有二维码，将纸媒与电子书及其他媒体连接，为乡村信息建设提供有力技术支撑。

本套丛书内容丰富、通俗易懂、图文并茂、深入浅出，文字简明扼要，技术可操作性强，理论联系实际，是一套贴近生产实际、看得懂、用得上、学得会的参考书，很适合广大农民朋友使用。本套丛书也可供广大乡村物联网生产管理者、乡村互联网信息管理者、乡村电子商务工作者、乡村基层办公人员，以及从事农业信息化研究、开发与教学的人员参考，或者作为农业工程、农业信息管理等专业本科生和研究生的教材，以及农业软件开发人员和农业信息管理人员的培训教材。

本套丛书凝结了一批具有丰富实践经验的农业信息技术领域科技人员的心血和智慧，他们站在科学前沿，以诚挚的热情和高度的责任感，为乡村带去信息化的精神食粮，帮助农民朋友脱贫致富，必将为乡村振兴做出新的贡献。

在《乡村实用信息技术丛书》即将付梓之际，我衷心希望它的出版发行能够使广大农民朋友从中学到信息技术及知识，提升致富技能，也希望该丛书能在农业现代化发展、社会主义新农村建设、普及农业信息知识、提高农民素质、助力乡村振兴等方面发挥积极作用。

2020 年 4 月

前言

进入21世纪，互联网技术发展日新月异，特别是快速发展的移动互联网技术和完善的网络环境，为电子商务（简称“电商”）的发展带来了契机，智能手机的推广应用让电子商务无时无刻不在消费者身边。2018年李克强总理在国务院常务会议上曾提出，要深入推进“互联网+农业”，让亿万小农户与瞬息万变的大市场做好对接。发展乡村振兴下的农村电子商务具有积极的经济意义和社会意义，它构建起了一座连接农村“小生产”和村外“大市场”的桥梁，有利于解决农村产销对接的突出矛盾，增加农民收入，提高农民生活质量，促进“四化”同步发展。

当前，已有很多农民朋友抓住这一机遇，转变传统的营销理念和方式，通过开网店、开微店、做直播、线上线下做活动等多种形式，利用互联网销售农产品，拓宽销售渠道，获取丰厚的收益，实现了农产品价值的增值。然而，还有一部分农民朋友虽然有电商经营的需求和想法，但不知道怎么做，从哪儿入手，对于产品的选择、货源的建立、销售渠道的搭建等问题还有困惑。帮助更多农民朋友掌握农村电商经营的基本知识，了解电商经营的过程，设计属于自己的电商致富之路，这是本书写作的初衷。

本书系统地介绍了农村电商经营的实战攻略，不仅有深入浅出的电商相关理论阐述，更有详细务实的具体实践操作；不仅有淘宝、天猫和京东等传统电商经营策略指导，更有目前流行的农村微商和电商直播的玩法技巧解读；不仅有农民开展电商的实例，更有可复制、可借鉴的经验供参考。本书面向致力于电商经营的农民朋友，传递目前最前沿、最流行的电商经营理念，教会他们利用互联网销售农产品，助其脱贫致富。

本书编排精美、内容详尽、讲解清晰，力求让农民朋友活学活用，在经营过程中总结经验，并转化为实实在在的收益，早日走上电商经营之路。

《乡村电子商务实用技术》为2018年天津市科普重点项目成果《乡村实用信息技术丛书》之一。本书还得到了天津市农产品电子商务协会的资助，成为天津市新型职业农民培训教材。在本书的编写过程中，得到了天津市农产品电子商务协会会长沈宗武先生的帮助和支持，特此表示衷心的感谢！

编者

2020年4月

目 录

第一章

农村电商创富新风向

红红火火发展的农村电商，对传统农业的生产方式、销售方式和消费方式产生巨大影响，农村电商正在成为推进经济增长的新动力。那么农村电商到底是什么？都有哪些经营模式？对个人、行业产生哪些影响？农村电商的发展变化趋势是什么？本章将为你解答疑惑。

第一节 什么是农村电子商务

一、电子商务的相关概念

1.电子商务的定义

电子商务是从国外相关学术著作中翻译而来的一个术语，它源自“e-commerce”，最早出现于20世纪60年代，发展于90年代，它是通过网络通信技术进行的商务活动。通常来说，电子商务是以电子通信为主要手段的经济行为活动，人们可以采用这种方法对含有经济价值的产品和服务进行线上宣传、线上交易和线上结算。有广义和狭义的电子商务，广义的电子商务是指使用各种电子工具从事商务活动；狭义的电子商务主要是指利用互联网(Internet)从事商务活动。它的要点涵盖了两个方面：一方面是离不开互联网这个平台，没有网络，就称不上电子商务，其是通过网络技术把客户同客户、厂商同厂商或厂商同客户连接起来以实现沟通的方式；另一方面是通过互联网完成的一种商务活动。

2.农产品电子商务的定义

关于农产品的定义，《中国大百科全书·农业》中指出，农产品有广义和狭义之分。广义的农产品是指农作物、畜产品、水产品和林产品；狭义的农产品则仅指农作物和畜产品。按照传统和习惯，农产品一般分为粮油、果蔬、畜产品、水产品、林产品和其他农副产品六大类(图1-1)。

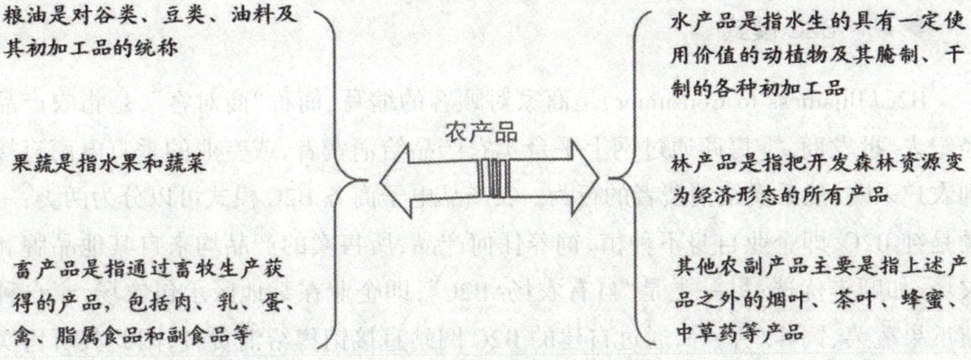

图 1–1　农产品分类情况

农产品电子商务可以认为是电子商务在农产品销售中的应用或是农产品销售过程的电子化。狭义的农产品电子商务其实就是人们常说的“网上做生意”演变而来的“网上卖水果”或是“网上卖蔬菜”，还包括现在流行的“微商”等形式。广义的农产品电子商务更宽泛，不管是电脑网络还是移动网络，不论是微信营销还是电视购物，只要用到了电子工具并买卖了农产品，不需要交易的全程信息化，都属于农产品电子商务。现在农贸市场商贩面对面销售农产品，从狭义的角度来看这不属于农产品电子商务，但从广义来看，利用微信、支付宝等电子工具作为农产品交易中的收费工具，就属于农产品电子商务的范畴。

我国农产品电子商务交易模式多样，涉及交易量较大的农产品相对集中，大宗批发类产品主要包括玉米、大豆、土豆、鸡蛋等，网络零售的农产品包括蜂产品、坚果炒货、茶叶，以及水果、蔬菜等生鲜农产品。网络零售的模式更加多样，包括 B2C、C2B、B2B2C、B2S 等多种模式，本书选出近两年居主导地位的模式，向大家进行介绍。

▶▶▶B2B 模式

B2B(Business to Business)是商家对商家的缩写，简称“商对商”，是商家到农户或一级批发市场集中采购农产品然后分配给中小农产品经销商的行为，主要是为中小农产品批发或零售商提供便利，节省其采购和运输成本。B2B 电子商务模式主要分为垂直 B2B 电子商务和水平 B2B 电子商务两种模式。目前国内主要的水平农产品 B2B 网站有一亩田、中国惠农网、中国绿谷网等。

▶▶▶B2C 模式

B2C(Business to Consumer)是商家对顾客的缩写,简称"商对客",是指农产品经纪人、批发商、零售商通过网上平台卖农产品给消费者,或专业的垂直电商直接到农户采购,然后卖给消费者的行为。农产品电子商务 B2C 模式可以分为两类:一类是纯 B2C,即企业自身不种植、饲养任何产品,所售卖的产品均来自其他品牌和农场,如顺丰优选;另一类是"自有农场+B2C",即企业在某地区承包农场,亲自种植瓜果蔬菜、饲养鸡鸭等,通过自建的 B2C 网站直接销售给消费者,因此其所售卖的产品多是自己的产品,典型的代表是沱沱工社。

▶▶▶C2C 模式

C2C(Consumer to Consumer)是消费者对消费者的缩写,是个人对个人的电子商务。农产品电子商务 C2C 的运营模式为 C2C 服务提供商构建网络交易中介平台,通过宣传发展会员。农户卖家会员在此平台上注册、开设店铺,买家通过浏览网站寻找自己想要的农产品,双方通过网站提供的交流工具进行协商,达成一致则买家打款给网站提供的第三方支付平台(如支付宝),卖家发货,买家收到货物并查验无误后放款给卖家。

▶▶▶O2O 模式

O2O(Online to Offline)称为线上线下电子商务,即将线下商务与互联网结合在一起,让互联网成为线下交易的平台,也就是把线上的消费者带到现实的商店中去,在线上支付线下商品、服务,再到线下去享受服务,代表企业有云厨电商、厨易时代等。

▶▶▶F2C 模式

F2C(Farm to Consumer)即农场到消费者的模式,又称为农场直供模式,产品从原产地通过网上平台卖给消费者。这种基于互联网的直销模式让消费者能够更快、更直观地获取所需的高品质商品,从产地到餐桌的距离大大缩短,一方面可以有效地提高农场和农民的收入,另一方面消费者能以更加优惠的价格获取更高品质的农产品。

3.农村电子商务的定义

农村电子商务的概念比较宽泛,也没有一个很标准的定义。农村电子商务有广义和狭义之分,广义的农村电子商务包括两个部分,即上行的农村电子商务和下行的农村电子商务,是一种“有买有卖”的双向流通(图 1–2)。上行的农村电子商务是指农业生产经营者充当卖方,凭借自身实力或农业协会、合作社等中介组织或政府的帮助,借助现代信息技术实现产品和服务的销售,把农产品从农村生产地销售到全国各地,特别是城镇市场,也称作“农产品进城”。下行的农村电子商务则恰恰相反,农村地区充当买方的角色,即农村消费者通过互联网购买所需的物品和服务。狭义的农村电子商务仅指农村作为卖方的上行农村电子商务。

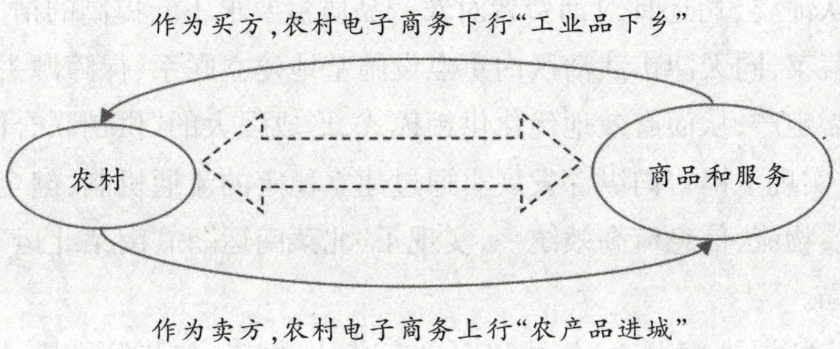

图 1–2　农村电子商务涉及的商品和服务关系情况

笔者认为,上行的农村电子商务对于破解“三农”问题意义更大,它是促进城乡统筹发展、真正实现全民共同富裕的有效途径,对于农村经济发展有重大意义。因此,本书将重点介绍上行的农村电子商务,即农产品生产经营者作为卖方从事电子商务的行为。

二、天津市农村电子商务的模式

近年来,天津市委、市政府高度重视农业农村电商发展,相继出台了《天津市人民政府办公厅印发关于全力推进我市农村电子商务发展实施方案的通知》(津政办函〔2017〕87 号)和《天津市人民政府办公厅关于转发市农委拟定的农业农村“四个全覆盖”相关实施方案的通知》(津政办函〔2017〕156 号)等扶持农业农村电商发展的实施方案，培育一批有一定规模和品牌影响力的农村电子商务市场主体，建立集实体网络、线上购销和综合服务于一体的新型流通服务主体，通过“互联网+农业+邮政快递”，建成覆盖区、乡镇、村的电子商务物流体系。

农业生产经营者要思考该如何搭乘互联网这一历史发展的“顺风车”，调整生产结构，实现生产标准化，拓宽销售渠道，实现增收。本书根据天津市农业农村电商发展实际，总结出几种符合天津市发展实际的电商模式，供大家参考。

模式一：通过自有平台推介销售自己的产品

天津市黑马工贸有限公司是一家集无公害、绿色食品蔬菜生产、加工、服务、物流配送于一体的民营企业，主要产品涵盖北方各种菜品，如黄瓜、豆角、番茄、大叶香菜、菠菜、荷兰豆等品种，多个品种的“黑马牌”蔬菜已取得了无公害农产品认证和绿色食品认证。公司还针对消费者对农产品质量要求不断提高的情况，适时推出了直供直销蔬菜，同天津市武清区内重点设施基地建立联系，保障源头的同时通过市场调研按需定产，从而有效地优化供销模式，形成强大的“供销联合体”。通过发展精品农业，实现了销售向纵深发展。通过建立稳定的流通机制，健全物流信息管理，做到商流、物流、信息流高效统一，实现了“北菜南运”和“南菜北运”南北流通的全年销售格局。

为进一步拓展销售渠道，公司利用自有产品、物流、包装等优势，搭建了“黑马仁农园”电商平台，优化终端购物流程，采用网上预售→收集订单→基地采摘→产品包装→安排发货的模式，实现基地到客户的垂直购物。开设会员服务专区、普通用户服务专区、物流、快递送货，形成线上线下 O2O 模式，同时也把公司合作的合作社和联合社的农副产品集中在平台进行销售（图 1–3 和图 1–4）。

模式二：依托区域农产品电子商务平台销售

天津市宁河区家乐超市有限责任公司于 2015 年 8 月成立了“家乐在线”电商平台，通过与中华全国供销合作总社“供销 e 家”平台对接，设立农产品店铺和专业合作社平台，将区域农产品通过网络推向全国。同时推动电子商务与物流快递协调发展，将宁河区 11 家快递企业整合到家乐物流快件分拨中心，增设农村快递服务网点和社区服务网点（图 1–5）。

图 1–3 黑马公众号页面

图 1–4 黑马公司配送过程

模式分析：自建平台需要企业有适合网络销售的产品，要有自己的电商团队或依托第三方作为平台的运维支持，要有产品检测能力。在自建平台的同时，也在淘宝、京东开设自己的店铺，利用第三方平台的资金、流量优势，向自有平台进行引流，增加粉丝数。

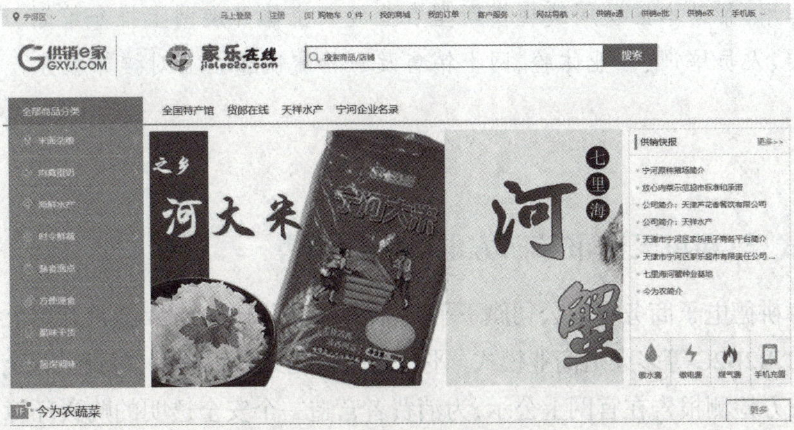

图 1–5 家乐在线电商平台 1

利用现有全区 14 个乡镇、283 个行政村的 25 家直营店、256 家加盟店和 105 家农资基层网点，实施优势资源整合，作为线下终端。建成多家具备实体店+电商平台+农产品销售+快递服务+综合服务的村级电商综合服务站，以此为依托建设宁河区农产品电商服务中心，更好地完善供销社为农民服务功能，发挥服务三农主力军的作用(图 1–6)。

图 1–6 家乐在线电商平台 2

模式分析：天津市推进实施农产品网络销售全覆盖工程，到 2020 年在有农业的区完善提升 10 个区域农产品电子商务平台，发挥区域服务驱动作用，帮助本区及周边规模新型农业经营主体开展网上推介策划、产品上架、人员培训、创业体验、网上销售及与物流快递企业对接等服务。

模式三：利用天津市第三方电商平台销售

天津耕德电子商务有限公司旗下平台“俺的农场”于 2015 年 8 月开始上线，具备 B2B、B2C、B2B2C 等多渠道商业模式。平台主打安全无公害产品，每日进行全品检测，并将第三方检测报告在官网上公示，为消费者营造一个安全透明的购买环境，逐步赢

图 1–7　“俺的农场”

得消费者的信任。该企业拥有一支经营管理经验丰富、执行能力强、专业技术水平高且年龄结构合理的运营团队，为用户提供指导、下单、支付、配送、结算一站式服务，形成了中国领先的创新生鲜电商销售的完整体系（图 1–7）。

通过与便民点及京东到家、美团、饿了么等第三方平台合作，将农场自产生鲜、农副产品铺向终端市场，打造农场自有品牌，提高品牌认知度和影响力。配送范围包括北京市内六区、天津市内六区+环城四区，涵盖 80%以上的京津地区。

建立农业生产综合体，组织基地周边的 18 个村（18 个村成立 18 个专业合作社，一村生产一个大品），以及分布在河北屯、下伍旗、河西务、丰台镇的家庭农场和专业种植大户（多个蔬菜协会种植专业户），实行订单式农业，定制各自的生产计划，“俺的农场”提供种苗，农业专家团队提供生产技术培训指导，通过股份合作、订单生产等利益联结形式，形成关联紧密、分工明确、链条完整、利益共享的紧密型组织联盟。扫描图 1–8 和图 1–9 二维码，获取更多关于“俺的农场”的介绍。

图 1–8 “俺的农场”视频宣传片

图 1–9 “俺的农场”微信公众号

模式分析：入驻天津市的电商平台相较于国内知名电商平台而言，具有门槛低、成本低的优势，但是市级平台没有国内知名平台大资金、大流量的优势，如果农业生产经营企业想探索线上销售，建议先从区域农产品电商平台或本市电商平台开始，积累网络销售经验，逐步了解自己产品的优缺点，使自己的产品向更加适合网络销售的方向改进。

模式四：融媒体时代的平台抉择

随着融媒体时代的发展变化，用户的角色也在悄然发生着改变，手机也从单纯的通信工具变成了将通信、工作、社交、娱乐、购销“融”为一体的便携式载体，随着 5G 时代的到来，手机的功能还会更加强大。每个人的手机里都有各种 App，那么就需要用解决什么问题、选择什么平台的理念，在海量的应用中选出能为自己赚钱的平台。

以微信为例，截至 2019 年，微信的月活跃数已达 11 亿，在这个庞大的“海洋”里，每个人都有自己的社交圈，每个人都能辐射一群人，人人都自带渠道，用户角色从内容的生产者到内容的创造者，最终成了内容的传播者，那么我们就可以利用这种角色的变化，通过微商城、小程序、朋友圈来开展自己的“微信电商”（图 1–10）。

图 1–10 微信和抖音

抖音（图 1-10）是当下最火爆的短视频平台，截至 2020 年 1 月，抖音月活跃数已经突破 4 亿。作为一个短视频的超级平台，凭借高用户黏度、高用户传播、高用户参与的特点，让成千上万的品牌主都渴望搭上这辆“流量快车”，为自家的营销添把力，巨大的营销价值亟待我们去挖掘。那么我们该如何搭上这辆“流量快车”呢？除了独角兽型企业投放巨额广告这种传统方式外，我们可以自己拍摄一些短视频，把我们的产品植入到这个短视频中，让大家在看这个视频的时候去自己“发现”广告，因为硬推的广告已不受大家关注了。也可以在抖音比较火的视频里做链接，当然这要根据视频的浏览量支付一定的广告费（图 1-11）。

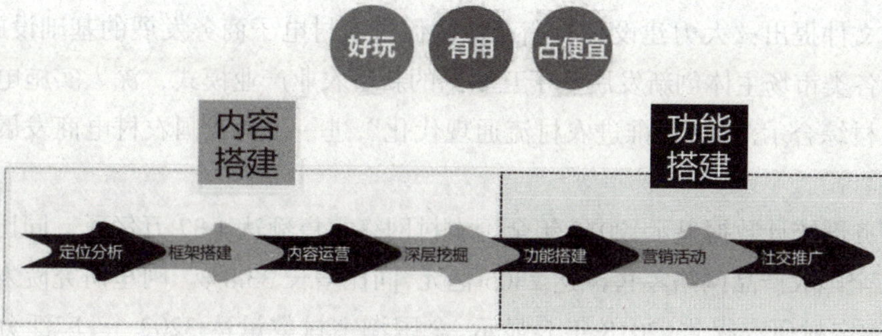

图 1-11　抖音的内容和功能图

模式分析：如果频繁在自己的朋友圈或群里发一些产品的介绍，很容易引起别人的反感，进而被屏蔽，所以微营销很关键的一点就是客户群体定位，有针对性地进行信息“渗透”。还有一点就是要讲好品牌故事，设计一些比较吸引人的标题，让大家有兴趣去打开阅读的同时主动去为我们传播。比如我本来是想卖山楂，如果标题叫“我的山楂又大又甜”，估计没几个人有兴趣阅读，如果我们把标题改为“有多少人，曾经嫁给了青梅竹马的他”，这就比较吸引人了，也有了让人回味青春的阅读欲望。

第二节 农村成为电商巨头的主战场

2015年是中国农村电商的元年，这一年国务院与国家部委密集制定出台了关于农村电商的政策。从2015年中央一号文件下发开始，涉及农村电商的政策文件达12个之多。2017年中央一号文件从电商标准、物流配送、平台建设、品牌培育等方面勾勒出了农村电商行业的发展方向，出台了较为完整的政策体系。2018年中央一号文件提出："大力建设具有广泛性的促进农村电子商务发展的基础设施，鼓励支持各类市场主体创新发展基于互联网的新型农业产业模式，深入实施电子商务进农村综合示范，加快推进农村流通现代化"，进一步为我国农村电商发展指明了方向。

商务部统计数据显示，2018年全国农村网络零售额达1.37万亿元，同比增长30.4%，全国农产品网络零售额达2305亿元，同比增长33.8%。阿里研究院发布的《中国淘宝村研究报告（2018年）》显示，全国淘宝村数量达3202个，广泛分布于24个省（市、自治区）和330余个县（区、县级市），淘宝村网店年销售额超过2200亿元，在全国农村网络零售额占比超过10%，活跃网店数超过66万，带动就业机会数量超过180万个。农村电子商务迅猛发展，已成为方便农民生活、创新农产品交易方式、增加农民收入、引导农业供给侧结构性改革、促进乡村振兴的重要力量。全国各地的特色农产品纷纷跳进了城市居民的购物车，这是农村电商发展带来的新变化。从卖农产品到做产业链，不少农村借助电商走出了一条属于自己的致富之路。

目前我国农村网店用户主要集中在阿里巴巴、京东、拼多多、苏宁、云集等平台，其中阿里巴巴的平台拥有超过100万农村网商，云集在全国31个省（市、自治区）均有店主分布。随着农村地区电商知识的普及和基础设施的完善，加上数量不断增加的服务类平台，将进一步加快农村电商的发展。各大知名电商也纷纷就布局农村电商市场做出规划（表1–1）。

在这个以"个性"和"创造"为竞争力的年代，电商平台提供了很好的舞台，农村有商业头脑的创业者可以抓住这个机会，不用出远门，坐在家里就和市场对接，将优势产品“卖出去”。

表 1-1 主要电商企业的农村电商市场布局情况

电商企业	战略或规划	目标与模式
阿里巴巴	千县万村计划	阿里巴巴将投资100亿元，3~5年内建立1000个县级运营中心和10万个村级服务站，将其电子商务的网络覆盖到全国三分之一强的县和六分之一的农村地区，最终形成一个完善的电商生态体系
京东	“3F”战略	包括工业品进农村战略、农村金融战略和生鲜电商战略。核心的两大模式就是县级服务中心和京东帮服务店。县级服务中心采取的是京东自营模式，提供代购、营销推广服务，并且承担着招募、培训乡村推广员的功能。京东帮服务店则是采取整合社会资源的方式来建立，专门针对大型家电等大件商品，为农村用户提供营销、配送、安装、维修、保养等服务
苏宁	中华特色馆	通过实施苏宁易购直营店＋线上中华特色馆线上线下相结合，各地特色农产品通过苏宁的渠道实现中转、销售。苏宁农村电商提出了销售、服务、纳税、就业都在当地的“四个当地”策略
云集	百县千品	计划在3年时间内培育孵化100个地理标志农产品品牌，旨在挖掘尚未被大众所熟知的优秀农产品，利用云集自身所具有的口碑和中度沟通特性，助力农产品打通线上销售通路，带动地方经济发展
拼多多	社交扶贫	依托社交关系推进电商，促进同类兴趣的细分顾客聚集，帮助小众商品更加容易突破销售瓶颈。其“C2B+预售制”模式帮助农民实现“以销定采”。通过预售制提前聚集海量订单，再把大单快速分解成大量小单，直接与众多农户对接，优先包销贫困户家中的农产品，实现在田间地头“边采摘、边销售”

第三节　农村电商的优势

从前农产品出村，特别是贫困地区农产品出村，走进城市、走进大市场要受地域、交通、物流等诸多因素限制，当然更没有移动互联网和各种智能硬件作为技术条件支撑，但如今大数据和电商正在不断给出新的解决方案，消费者随时随地下单，买家和卖家可以进行实时的交流与互动。网上开店不同于线下的传统商业模式，它投入不大、经营方式灵活，成为许多新型农民创业的首选。他们或将优质合格的、有特色的农产品卖出村，实现农产品上行；或是结合当地休闲农业、民俗特色和田园风光，注入文化元素，助力乡村旅游新发展。

农村电商能给个人直接带来的变化主要有以下 4 个方面的体现。

一、生活消费的便利性

让农民不出村就能和城里消费者一样便利地购买优质优价的商品，满足基本的生产生活需求。以天津市武清区的“益农社”为例，“益农社”主要以农资店、生活超市等为基础，通过嫁接网购平台等，让农民享受综合服务，满足百姓需求，让农民不出村就能办身边事。

二、先进的互联网理念

首先是个人视野的提升，当农业生产者接触到了互联网等新鲜事物，享受到了互联网带来的便利，想通过电商来发展，这证明他的视野不再局限于传统的售卖经营农产品的方式，想通过互联网这种新兴的技术手段，让更多的消费者了解优质的产品，用网络营销方式来宣传农产品，这正说明农产品生产者的互联网意识越来越强；其次是让人们能融入互联网，让农村居民能够和外界更好地沟通互联，更好地利用电商平台去销售农村那些有特色的农产品；最后是让农业生产者更好地了解市场行情，利用互联网、大数据、云计算等先进的信息技术更好地预估市场行情，能够更好地生产市场上最需要的带有农村特色的农产品。

三、增加收入

一方面是电商改变原有的单一销售模式，拓宽销售渠道，帮助农业生产者把农产品销往全国各地乃至世界各地，实现优质优价，助力当地农业经济发展，促进收入增加；另一方面是农村电商通过减少环节，降低流通成本，直接提高收益。农产品生产经营者纷纷与电商平台合作或是自建小型电商平台，在网上销售农产品，效果喜人。天津市宁河区家乐超市有限责任公司与中华全国供销合作总社“供销 e 家”对接，利用“供销 e 家——家乐在线”全国平台为宁河区特色的宁河大米、七里海玫瑰香葡萄、三杰辣椒、七里海河蟹、南美对虾等85家200种农产品提高了品牌知名度。2017年，宁河区供销社实现电商销售收入4500万元，带动全区5万农户增收。

四、产业转型

农村电子商务帮助农民建立质量意识、品牌意识，从而倒逼产业转型，实现农产品优质优价。优质农产品网上销售一定要进行产品质量认证，确保有商标、有认证，这样的农产品质量有保证，大型电商平台才敢销售。天津市蓟州区的东山鹊山鸡养殖专业合作社，利用3000亩（200公顷）山地果园，采用自然放养方式养殖鹊山鸡，产出的鸡蛋质量非常好，同时鸡蛋还富含微量元素硒。为了让网友相信鹊山鸡的鸡蛋质量好，合作社的负责人先成功注册商标"花入羽"，又进行了国家绿色食品认证，还进行了鸡蛋硒元素含量的检测，后来"花入羽"鹊山鸡和鸡蛋两个产品获得国家生态原产地保护产品认证。只有这样，京东商城这样的大电商平台才敢将"花入羽"放到平台上销售。"花入羽"鹊山鸡和鸡蛋获得了京津冀消费者的喜爱，卖出了一枚鸡蛋9.9元的好价钱。

第四节 常见问题及解答

一、B2B、B2C、O2O、F2C模式是什么

随着应用领域的不断扩大和信息服务方式的变革，电子商务模式不断创新，电子商务的类型也层出不穷，B2B、B2C、O2O、F2C这几个都是电商模式的缩写。

●B2B（Business to Business）指的是商家与商家之间的电子商务，如阿里巴巴。

●B2C（Business to Consumer）指的是商家与顾客之间的电子商务，如天猫、

京东、淘宝。

●O2O(Online to Offline)指的是线下商务与互联网之间的电子商务，让互联网成为线下交易的平台。

●F2C(Farm to Consumer)指的是从农场直达消费者的电子商务。

二、未来农村电商最有价值的发展方向是什么

1.品牌化

由于缺少品牌化，很多具有明显地域特征的农产品营销受到了极大的制约，大多数农产品还处于售卖原材料的阶段。没有品牌的农产品，往往很难取得消费者的信任。因此，在做电商之前，要学会将自身农产品品牌化，打开电商市场。

2.社区化

以社区用户为主体，依靠社区用户口碑影响消费者的购买行为。随着移动互联网技术的不断发展，未来以社区为中心的移动农村电商客户端将占据市场主体，这也是农村电商未来的一大出路。

3.O2O

实体店与互联网结合，实现线上线下融合，走O2O之路，是未来农村电商发展的大趋势。

流量为王的互联网时代，农业企业、合作社、单个农户如何正确把握农村电商最有价值的发展方向，抢占市场先机，才是当前最值得思考的问题。

三、如何选择开展电子商务的平台

选择开展电子商务的平台要考虑人力、物力和财力，还有电商经营的经验，如果这些都没有，建议从第三方电子商务平台“起家”，开启农业电商之路。对于有实力、有经验的涉农企业，建议最好将自建网站和平台店铺一同开起。对于初涉电子商务的农民，要考虑经营的产品类型，如果经营的是大宗农产品，如粮、棉、油等，可以选择行业门户网站，如中国玉米信息网等；如果经营的是生鲜产品，如蔬菜和水

果,可以选择第三方平台,如阿里喵生鲜、京东生鲜频道、顺丰优选等,还可以选择区域特色的生活服务类电商,如津农宝、宁河家乐在线等。

四、合作社或企业想开展农产品电商应注意什么

合作社或企业想开展农产品电商需注意以下四点。

一是主打产品的确定,在众多的农产品中选出有代表性的特色产品,优先聚焦推出。

二是要营造良好氛围,在宣传上下功夫,讲出好的故事,迅速传播出去。

三是以切实有力的具体措施来落实,如电商人才的选拔培养,构建农产品电商产业链条,对电商数据进行分析倒推生产转型。

四是有长远和阶段性的目标,形成可执行的发展规划,指导实践发展。

五、农产品电商创业需要哪些能力

好的经营者不仅要有资金,还要懂技术,并且具备与众不同的经营思路。首先,要有经营管理能力,好的产品项目,让一个不懂经营的人管理,亏损的概率肯定高,农产品电商从业者不仅要了解农产品的特性,还要懂得营销策划、推广运营等营销知识,以及要策划好产品由谁生产、产品放在哪儿、谁来包装运送、客户投诉怎么办等一系列问题的解决办法;其次,要有沟通协调能力,电商经营者不仅要与普通农户打交道,还要与政府、银行、企业等多方面的人员打交道,争取利益与资源,所以经营者必须具备良好的沟通协调能力;再次,要有学习能力,按照“需什么、学什么,缺什么、补什么”的原则,学习掌握更多的电商经营知识;最后,要有专业技术与创新能力,电商经营者必须根据市场需求状况的变化,选择合适的农业技术,生产出技术含量不同的高价值的农产品,电商经营才能增收增效。

第二章

农村电商经营的热身准备

如果你想成为农村电商大潮中的一员，在网络上销售产品，一定要先弄明白，我的优势是什么？我在农产品电商这个链条中最擅长做什么？是有资金和经验做供应链，或是擅长营销做销售，还是拥有强大的销售渠道？本章讲述做电商前需要做哪些准备。

第一节 选择适合的产品

要在网上做什么?卖东西、做服务、做特色、做开发需要找准定位。郑伦在《如何做好农产品和生鲜类电子商务(产品战略篇)》一文中提出,在不考虑生鲜电商的不同模式前提下,从生鲜产品的利润和电商的难易度两个属性对产品进行划分,利用二维四象限图(图 2-1),将适合电商的产品划分为以下四类,可供农村电子商务创办者参考。

第一象限:高附加值且易于做电子商务的产品。这类产品作为主打产品和主要利润来源,如高端干货、食用油、某些水果、奶制品和某些加工后易储存和运输的肉类,这些产品一方面附加值比较高,另一方面比较容易储存和配送。

第二象限:高附加值但不太易于做电子商务的产品。这个象限的产品主要是禽蛋类、冷鲜肉类和某些蔬菜、水果。这些产品不太易于储存和配送,既没有统一的标准,也不太容易通过网络展示商品特性,但是可以通过创新来改变,比如可以进行预售,还可以通过包装进行改进,比如进行冷链配送。

第三象限:低附加值但易于做电子商务的产品。这类产品适合微利多量,或者提升某些产品的附加值,让其更多地到达第一象限,如某些干货和米面,还有某些根茎类蔬菜和水果。

第四象限:低附加值且不易于做电子商务的产品。主要有叶类蔬菜、豆制品和水产品,但以下几种情况除外。

- 有机蔬菜:附加值高,能同其他产品一同配送。
- 豆制品:不易储存,其附加值低,可作为搭配销售。
- 预售或是定期配送的模式。

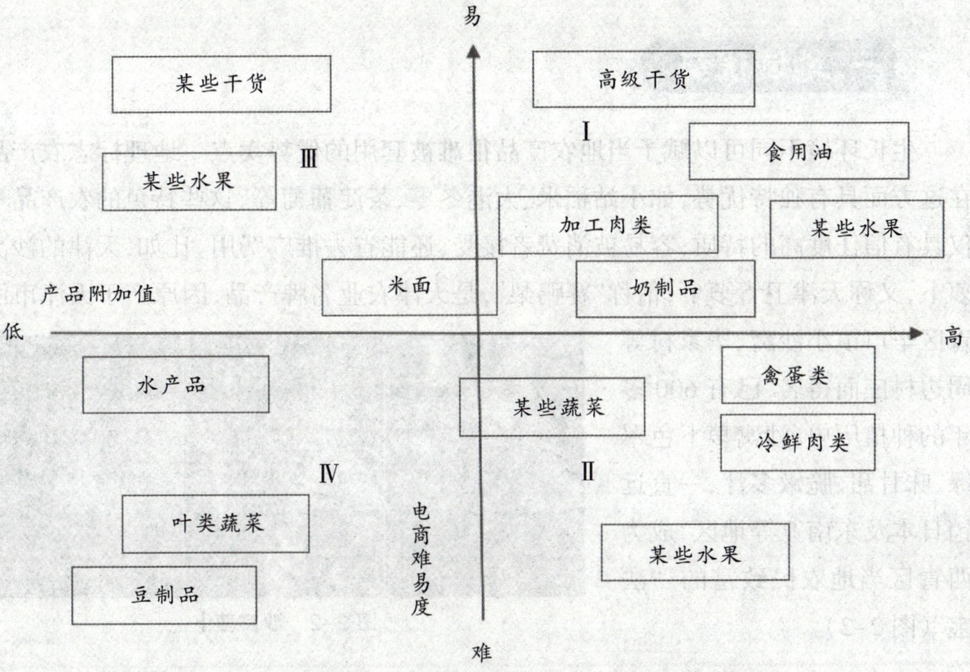

图 2-1　适合电商的农产品二维四象限图

第二节　卖点挖掘

随着生活水平的提高，大家购买农产品的时候更加注重质量和特色。如果要选一种农产品发展，首先要调查分析该农产品的核心卖点，对选择的农产品有深入的了解，在众多同质化的农产品中发现该产品的独特优势，寻找激发消费者购买欲的"兴奋点"，从而打造出既能满足消费者又能和竞争对手进行直接区分的独特卖点。

结合农产品本身特有的属性，可将卖点的挖掘定位在以下关键点上。

一、地域优势

生长环境不同可以赋予当地农产品很难被套用的优势卖点。地理标志农产品在这方面具有独特优势，如小站稻米、大港冬枣、茶淀葡萄等。这些特色的农产品不仅具有信任度高的特质，容易被消费者接受，还能省去推广费用。比如，天津的沙窝萝卜，又称天津卫青萝卜，俗称“赛鸭梨”，是天津农业名牌产品，因原产于天津市西青区辛口镇小沙窝、毕家村等周边村庄而得名，已有600多年的种植历史。沙窝萝卜色翠绿、味甘甜、脆嫩多汁，一直远销日本及东南亚等地区，成为西青区当地农民致富的“法宝”(图2-2)。

图2-2 沙窝萝卜

二、管理优势

着力发掘选定农产品特有的隐含价值，“讲好故事”，实现品牌化、差异化发展。比如，在网上卖白菜，你不能说这就是白菜，而要写出白菜的特色，你要写出白菜吸引人的地方。举例来说，白菜种植的过程中少使用化肥，主要依靠有机肥，在白菜生长的关键期都配有照片，再拿出白菜获得的各项认证证书，证明白菜的生产过程绿色、无污染、营养价值高(图2-3)。

图2-3 白菜种植

三、品牌优势

品牌一直是农村电商的重要发展方向，要树立品牌意识，注意打造品牌。从营销学来说，消费者除了对农产品品质和价值的认同外，还有一种影响消费者选择的力量，那就是品牌文化，它是除了服务之外品牌所赋予产品的又一附加值。“品牌文化”一旦形成，有利于各种资源要素的优化组合，提高核心竞争力。2015 年 7 月，浙江大学 CARD 中国农业品牌研究中心团队受陕西省户县（现为西安市鄠邑区）人民政府之邀，为户县葡萄做品牌规划。户县是“中国农民画之乡”，团队将产品和地方文化进行了完美结合，在品牌形象上，以“户”字为原点，以农民画为内涵，利用葡萄的形状和色彩基调进行了大胆的创作。2015 年，户县 6.5 万亩（1 亩=666.67 平方米）葡萄销售一空，每千克收购价在 7 元以上。如今户县葡萄的宣传已登上西安机场，成为外地人来西安看到的第一个农产品，在精品农产品品牌的发展之路上越走越好（图 2–4）。

图 2–4　户县葡萄

四、文化优势

要学会利用产品的悠久历史，挖掘传统优势中潜藏的极好卖点，并以此制造客户黏性，最为明显的就是乡村旅游与农村电子商务的结合。现在是全民上网的时代，人人都在网上寻找信息，特别是当前，乡村旅游进入了一个全面发展的时期，很多地方把当地的名胜古迹、风土人情结合起来发展乡村旅游。乡村休闲田园旅游、森林休闲旅游、草原休闲旅游、渔猎渔家旅游等形式深受消费者欢迎，如婺源油菜花引得众多游客驱车观赏。以甘肃省康县为例，康县创新“电子商务+乡村旅游”的融合发展模式，在花桥、凤凰谷等美丽乡村开办 18 家电商扶贫体验店，同时开通了康县乡村旅游网，26 家农家乐、农家客栈实现了网上订餐、订宿，推动红色文化、民俗文化、农耕文化、生态文化等与旅游产业深度融合，将文化旅游融合发展，增强乡村旅游的魅力。

五、核心差异点

除了以上一些卖点挖掘的思路外，电商团队还需要再开发出自己的核心差异

图 2–5 麻酱鸡蛋

点，如独特的种植方式、独家的制作工艺等，从而建立自己的独特优势。以天津市蓟州区农家麻酱鸡蛋为例，经过秘制生产腌制，纯手工制作，蛋黄溢油、咸淡适中，在宣传页面配上制作过程的图片，体现真实感而吸引消费者（图 2–5）。

第三节 产品价格确定

产品价格确定就是卖家通过对产品质量和市场现状等多方面的综合考虑，把产品价格确定在一个合适的水平，从而尽最大可能吸引消费者并实现收益的最大化。对于卖家来说，无论经营的是哪一类产品，其定价都和产品成本有着直接的关系。但究竟合理的农产品价格是什么，有许多农产品电商户有这样的经历，产品价格定得过高，消费者不买账，客户流失；农产品价格定得过低，消费者不信任，质疑产品是不是真材实料。

管理大师西蒙曾经说过，一个现代的农夫，如果用拖拉机去耕地、去施肥，最后却用镰刀来收割的话，那真是得不偿失的事情。简单来说，就是前期投入很大，而后期的收入却很低。其实一个重要原因就是定价问题，卖家对产品和服务进行价格定位的过程就是和买家进行的一场心理博弈。定价是竞争进行当中的一个策略问题。

一、定价要考虑市场行情和竞争程度

价格定位高档、中档、低档意味着不同的竞争程度，产品、服务的市场竞争程度可以在“淘宝搜索中”查看。通常来说，初级农产品附加值低，如新鲜水果、蔬菜等；加工型农产品附加值稍高，如水果罐头、山楂片、鱿鱼丝等。如果产品是新奇特农产品或渠道来源可控，这类农产品在市场上与之竞争的产品少或没有竞争，那么可以选择“定高价”，因为可以满足消费者追求“新奇”的心理，以便更快、更高地获得利润。一旦出现竞争性产品时，可以逐步降低价格，这种先高后低的价格，还可以吸引一些对价格敏感的消费者，通过薄利多销增加总体利润。

农产品的差异化是很小的，而且同质化的产品也很多，如果产品没有什么特别之处，很难比别人的价格高，这时候产品市场上的售价就可以作为该产品的参考售价。以“水蜜桃”为例，在淘宝网的产品搜索栏中输入“水蜜桃”3 个字并点击搜索，在淘宝搜索的展示页中可以得到该产品的销售信息。我们在进行筛选时也可以看到该产品某个价格区间的搜索人数占比。据此，我们可以对产品进行定位，将其定位在大多数人喜欢的区间范围内，让其最大可能地出现在消费者的视线中（图 2–6）。

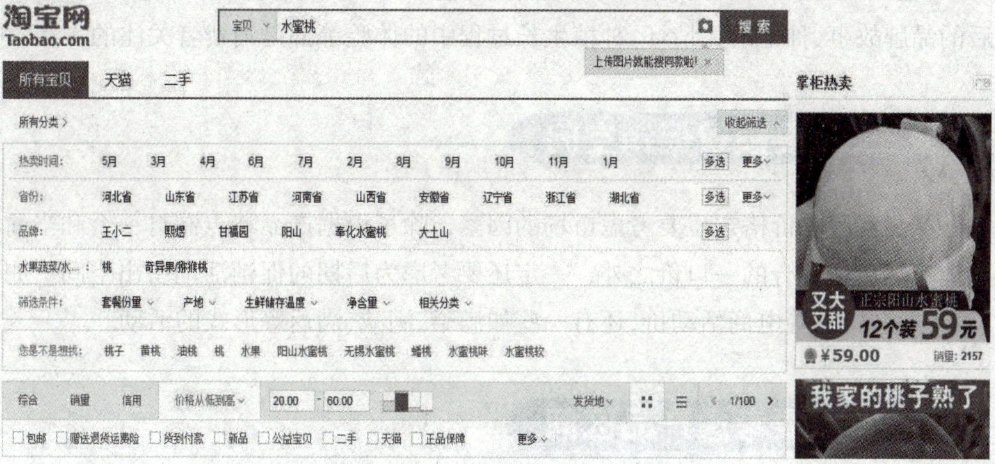

图 2–6　淘宝网水蜜桃的价格定位参考

二、农产品定价价值化

做生意一定要考虑成本和利润，不赚钱的生意注定难以为继，更何况农产品经常会遭遇价格战的挤压，所以为产品定价时一定要计算出所有涉及的成本。如水蜜桃本身的采购成本、包装成本、物流成本、一定比例的损耗等最终构成产品的成本。

通常来说,电商农产品的出售价格都是以产品成本价格的2.5倍计算。举例来说,要卖农家腊肉,折算下来一斤腊肉的腌制成本=农家土猪肉(16元)+配料(1元)+柴火(1元)+人工(2元),共20元,在线上的定价即为50元/斤。还需要考虑的成本有快递费,每件快递费8元,包装费每件2元,打折促销还会有5元的套餐优惠,利润空间是50-20-8-2-5=15元。

总有人想着以"低价"作为策略,但在消费升级的时代,这样的观念已经落伍了。现在很多买家购买产品时,不单单购买产品本身,还要追求价值观、情感共鸣等购物体验。产品定价的过程中,肯定不能再"唯低价论"。定价需要价值化,要往价值链的上游要利润、要回报。人文是农产品区别于同类产品、提升品牌附加值最为直接精确的方式,建议做有情节、有立场、有浓度、有乡愁的品牌,一是要发掘产品独一无二的特性价值,二是建立品牌与客户之间的强劲关系。消费者现在从网上购买产品,绝不满足于日常三餐的需求,他们更加重视的是健康、安全和特色,农产品背后的品牌故事、种植的大情怀、种植生长过程中的体验等都是消费者关注的。

三、需要预留促销空间

产品和服务价格定位要考虑市场的因素，除了根据产品特点制订一个和当前整体市场比较符合的一口价之外，一定还要考虑为后期的促销活动留出空间。如"双十一""618"等电商活动价,还有一些如满赠、满减、满返等形式的活动。

四、需要考虑产品区间

通常电商店铺产品的价格需要四大区间:引流款、利润款、形象款和活动款。

1.引流款

引流款即店铺的爆款,它的具体表现是高流量、高曝光量、高订单量。爆款是给店铺带来流量的产品,但不是利润的主要来源。给店铺带来高流量、高订单量的产品,价格都相对较低,给店铺带来的利润也相对较低。

大家都知道流量对于线上店铺的重要性，作为主推产品的引流款必定是大众化的产品。流量的主导者是年轻阶层,这类人群有着追求健康、时尚的网购消费倾向,如何取悦、满足这类人群才是流量的正确引导方向。应该选择一些转化率较高、地域限制较少的产品,建议每个店铺设置5个以内的引流款产品。

2.利润款

利润款即能为店铺获得利润的产品。其实除了引流款以外的产品都可以算得上是利润款产品。赚钱是所有卖家的终极目标,确定利润款产品时应对目标客户的需求进行深入地挖掘,从品质、款式、风格、价位等多方面考虑。利润款应适用于目标客户群中的特定人群,应对这些人的偏好进行细致分析,找出适合他们的款式、设计风格、价位区间、产品卖点等多方面的因素,以更加精准的方式向他们进行推广。

3.形象款

形象款即一个店铺一个品牌的形象工程产品。形象款应该以品质高、单价高的极小众产品为主,只占产品销售中很小的一部分。设置形象款的目的就是提升店铺的品牌形象。

4.活动款

活动款就是用于做活动的产品。电商做活动的目的是什么,清库存、冲销量还是体验品牌?如果是清库存,那多半是一些陈旧的或者过季的款式,这必然牺牲了消费者对品牌的体验,那么低价是弥补消费者的一个很好的方式。如果是冲销量,卖家要亏本销售也要分情况,如亏本降价之后能带来好的销量,提高店铺在其他商品上的价值率,那就可以这么做;如果降价商品亏本,也带不起店铺的流量,那这个营销策略就是不成功的。还有就是让消费者体验品牌,需要明确规划活动款,让消费者看到基础销量的价格与活动折扣的落差,从而让其产生购物的冲动,这就需要一个较低的折扣。

第四节 确定目标客户

销售任何产品都要明确目标客户,如何将客户细分归类,这就涉及客户画像。

一、确定目标客户

目标客户就是你的产品、服务提供的对象。定位目标人群的“样子”就是从你的目标客户群身上找共同的一些特征，如年龄、学历、业余爱好、生活环境、经济收入等，通过这些特征让我们可以快速地在大千世界中找到他们，然后有针对性地去满足他们的潜在需求。随着互联网时代的到来，同质化竞争激烈，很少有老少皆宜的产品了，只有精准定位消费人群，找到他们的兴趣点，才会引发内在的认同感。

二、客户画像

客户画像是互联网时代数据化的产物，大数据是进行客户标签化的基础，通过可视化数据分析，可全面实现精细化、场景化运营。客户标签可以为农村电商提供便捷的方式，使其更加快速、准确地处理信息，尤其是在搜索引擎、广告投放等应用领域能够进一步提升精准度，提高农村电商经营者获取信息的效率(图 2-7)。

客户画像可以简单理解成是海量数据的标签，根据客户的目标、行为和观点的差异，将他们区分为不同的类型，然后在每种类型中抽取出典型特征，赋予名字、照片、一些人口统计学要素、场景等描述，形成一个人物原型。

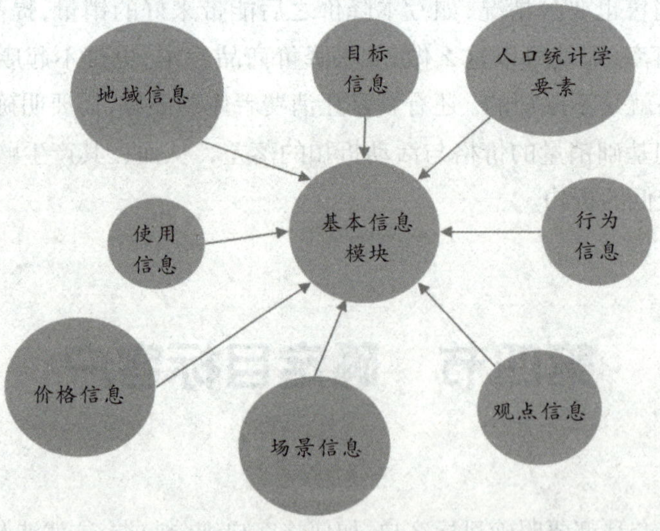

图 2-7 客户画像信息模块

对于许多淘宝运营者来说，生意参谋是描绘客户画像的工具。生意参谋的人群画像功能是市场行情中的付费功能，需要订购市场行情专业版才可以使用，它是帮助商家通过社会属性、淘宝属性、行为偏好等多视角、多维度分析人群特征的工具。

可以通过淘宝的“服务市场”中找到“生意参谋”，打开“市场行情”版块，可以在左侧找到“人群画像”功能。

生意参谋不但能够帮你分析搜索人群的特征、行为偏好等，它还能对不同的关键词进行对比。如果你发现这几个关键词的人群特征类似，那就意味着这些关键词面对的人群是一样的，可以进行关联销售。

第五节　店铺设计与装修的关键

像实体店铺一样，有了店铺，还需要精心装修一下。整齐、美观、漂亮的店铺，买家愿意多驻留一会儿，多看看。淘宝和天猫的“千牛卖家中心”提供了第三方整体解决方案，笔者在这里只介绍店铺设计与装修的关键环节和要点。

一、设计好店名和店标

网店装修首先要起一个吸引人的店名，设计出一个有特点的店标。店名和店标传达着店铺的精神、商品的特征，甚至店主的经营理念。好的店铺装修应当是店名、店标和店铺的整体风格统一，充分展示经营服务的理念。

二、首页设计是重点

首页不能太复杂，四屏左右的长度较为合适，首页配色多使用一些饱和度较高和清新简洁的图片，要做到店铺的整体形象是给人一种信任感和舒适感，有用心经营的感觉，才能留住访客。装修首页的时候，第一屏放活动宣传海报，进行有效分流，打造爆款。通过技术实现全屏通栏的背景，让整个店铺的装修变得大气。此外，首页还要投放重点推荐的产品，以特具诱惑的方式推荐给买家。

三、产品分类清晰合理

一个好的首页装修实质上就是一个分类合理的目录，让买家能够仔细地阅读你的目录而对你的店铺产生兴趣，并且能够快速找到自己想要的东西。在分类展示中要对产品图片进行美化，如果能将产品的卖点展示在首页当中那是最好不过了。

四、安装分类导航

买家可以通过导航找到自己喜欢的分类版块。很多优秀的店铺，除了左侧的店铺导航外，在店铺首页还安装了其他店铺的导航图。这是为什么呢？当买家通过上面的三屏都没进去的话，只能说他对几款产品和店铺促销活动都不感兴趣，那么下面他就要选择自己喜欢的分类了，这时候安装导航是最好不过了，因为实现了有效分流。

五、突出显示客服模块

好的店铺都有好的客服团队。店铺首页都有明显的客服模块，让买家可以随时随地联系到客服，帮忙解决他们的疑问，从而促使订单成交。

六、简单的页尾展示

一个好的页尾中可以包括客服、分类导航、回到首页等链接。同时可以加上店铺对客户的一些承诺及店铺的一些服务理念等。

第六节　拍照美化

拍照是网店非常重要的工作，因为照片是消费者了解产品最直观的途径。“拼颜值”这句话同样也适用于网店。如何将产品拍得非常漂亮，看上去吸引人，则需要你一番精心准备和构思。

一、拍照的准备

拍摄器材的选择要有一定的讲究。首先，要有一部相机，至于是卡片机还是单反相机，要看你有多大的决心学好摄影了。通常来说，数码相机 400 万至 600 万像素足够满足我们的所有要求了，拍摄时选用大尺寸照片，这样方便后期修图。第二，最好准备一个三脚架，因为手握相机很容易颤动，三脚架用途很广，可以帮助你获得清晰的照片。第三，光源的准备，要有闪光灯，通常来说，有光就有影，拍照一定要有充足的光线，闪光灯就是用来尽可能操控与改变光线的一种很重要的工具，所以拍照片的时候，需要左右各配置一个人工光源。第四，背景准备，小一点的东西可以放在漂亮的花纸或格子布上，大一点的可以买专门的背景悬挂。最后，需要准备其他的东西，如描图纸、胶带、亚克力板、珍珠板、自制黑卡、去渍油等。

二、图片处理美化

图片处理美化简单说就是让图片清晰直观，吸引消费者的眼球。主要作用有两点：一是增加产品被潜在顾客发现的概率，二是提高自己在同类产品卖家中的竞争力。建议熟悉以下图片处理的基本工具，见图 2-8。

PHOTOSHOP(平面设计)　　FIREWOKE(网页图形图像制作)
FREEHAND(手绘图形设计)　　CORELDRAW(平面广告设计)
nEoiMAGING(光影魔术手,图片美化,照片后期处理)

图 2-8　图片处理工具

此外,还有类似美图秀秀、天天P图、PicsArt美易照片、百度魔图等软件或产品,掌握基本的修图技能,保证能够对图片进行处理。通常来说,利用“光影魔术手”软件来调整图片的步骤,即调整图片的大小、亮度及色彩饱和度、白平衡的功能和锐化提高精度。观察图 2-9,对比一下图片调整效果。

图 2-9　拍摄效果对比

三、拍照的要点

产品的拍摄要美观、大方,但不能失掉本真。消费者关心的还是产品本身的质地,一定要把产品拍清楚。

1.尽可能地真实展示产品

要拿真实发货的产品去拍摄,不要为了精美,修图过度,特别是农产品,消费者想要买的就是原汁原味,拿到手的产品和网店上看的图片有明显的差别,消费者肯定会反感(图 2-10)。

图 2-10　“密农人家”的产品

2.尽可能地展示生产过程

在产品生产的关键点要有图片，这样可以让消费者了解产品生产与管理的过程,拉近消费者与产品之间的距离(图 2-11)。

图 2-11 番茄生长过程

3.关注产品细节

消费者最关心的还是产品本身的质量和品质。拍照要有美感，但更要关注细节。以农产品为例,拍摄单个农产品时,一般采用对角线构图的方法,还可以适当选择一些饰品进行搭配，以充分呈现出画面的美感。需要进一步显示农产品的细节时,微距镜头非常重要。如果是用手机拍照,打开微距模式,这样在拍摄农产品细节时还可以营造一种浅景深的美感。

4.有创意的设计

想要吸引消费者,网店照片一定要有新意,激发消费者的想象力,刺激消费者的购买欲。还是以农产品为例,可以将农产品做出一些特定的造型,比如三角形、弧形、方形都是可以考虑和选择的。还可以借鉴拍摄大片的时尚元素,如手绘动漫、卡通形象类,拉近与消费者之间的距离。

图片是消费者了解产品的首要途径,非常值得仔细、用心研究,再加上摄影本身就是一门艺术,技巧和要点非常值得推敲,最终都是需要想做网店、经营电商的人用心去尝试和挖掘。还是用农产品来举例,谁都想拍摄的水果具有文艺、清新、时尚的感觉,有许多小技巧会让你灵光一现。如对水果本身的处理,大部分水果涂上油,然后用干布打磨,会使水果质感更加诱人;用碱水泡洗蔬菜可使其更显鲜绿;拍摄的视角是仰拍还是俯拍。方法虽然很多,但真正在实践中探索和找到自己适用的方法还需要下一番功夫。

第七节 包装的设计

农产品的包装既要注意经济实用又要注意美观。由于农产品本身的特性,在运输的过程中要借助快递运输,就要考虑包装设计防挤压。通常来说,选择的农产品体积和质量要适合储运。当然,随着近些年快递和物流业的发展,包装的材料、方法、设备都在不断完善,但如果快递费比农产品的价格都高,你是不是要掂量一下呢?农产品价格标低了,包不了邮;农产品价格标高了,不具备竞争力。

农产品包装的设计要点

1.耐摔性

注意防震,减少摩擦作用。如草莓的包装用防震网套保护起来,防止晃动,组合自由度高,可以是“纸盒+网套”“泡沫箱+网套”,方便快递运输。

2.透气性

大部分农产品都要透气,需要在包装上注意透气性。如葡萄的充气包装,除了蓬起来的外包装之外,还应在袋子上打4~8个孔。“密农人家”的番茄包装见图2-12,采用食品托盘覆上保鲜膜,再放入气柱垫内,不仅保鲜还避免磕碰。

图 2-12　“密农人家”的番茄包装

3.包装后的重量

整体包装后的重量涉及快递的费用问题。包装后的产品符合快递公司的运输标准才最节省快递费用。现在许多快递公司都推出了 App,可以直接从手机在线下单。

4.外形美观

俗话说,“人靠衣装马靠鞍”,包装是一门学问,漂亮的包装可以增加消费者对产品的好感,产品一拿到手,让消费者能有一种惊喜和期待。有人曾做过实验,美观、大方、得体的包装会明显促进产品的销售量。除了实用外,无论是设计、材质和形式,都需要电商经营者认真仔细考虑。

5.模拟实验

电商经营者可以多用几种材料,模拟开展运送情况分析,找出最适合的材料作为包装。笔者曾遇到一位做鸡蛋电商的合作社负责人,他针对鸡蛋快递选材做了多次实验,寄给不同省份的消费者,最后找到了最经济实惠的包装方式和包装材料。

案例一:褚橙的包装设计

褚橙是褚时健先生创立的互联网冰糖橙品牌,从 2012 年上线开始一直不断创新,由于老先生的励志传奇经历被人们誉为“励志橙”。褚橙除了精选一批优秀青年励志代表作为传承人之外,更是把包装作为核心的营销素材。有各种励志标语,并且还能定制包装。2016 年全新包装还获得了德国红点设计大奖,每盒包装箱上都印有一个戴草帽的褚老头像商标,颜色上用了简单的双色设计,色彩清新怡人,4 箱 5 千克装组合起来是个橙子形状。包装箱做成了浮雕样式,运输中能够保护产品，两侧还有贴心的防割手手扣，箱外有封条。橙子本身也有防伪标识，保证消费者买到的是正宗褚橙（图 2-13）。（来源：中国品牌农业网）

图 2-13 褚橙的包装

案例二："三只松鼠"的包装设计

线上坚果品牌"三只松鼠"就将包装设计的细节做到极致。它的品牌 logo 是 3 只松鼠的卡通形象，非常亲民可爱，包装外箱是印有自己品牌的松鼠头像包装箱，它还有个可爱的名字——鼠小箱。还有一个塑料开箱器，叫鼠小器，贴附在外箱的一角，用来戳开箱子外面的透明胶，避免收到快递用钥匙、圆珠笔等开箱的不便和尴尬。这些细节在外包装箱设计上做得淋漓尽致。包装内附口袋夹、开壳工具，还有一系列辅助品、赠品、试吃装、湿巾、垃圾袋等，在心理上让消费者感觉既温暖又有爱。这种包装设计将消费者体验放在第一位，品牌自然受到大众喜爱（图 2-14）。（来源：中国品牌农业网）

图 2-14 "三只松鼠"的包装

第八节　常见问题及解答

一、网店装修之前为什么要先确定目标客户

精准的定位是电商成功的基础。确定要服务的目标客户群,并分析其特征,为店铺主题、营销促销提供基本资料。首先,要明确农产品的价位高低;其次,根据产品特点明确目标客户定位,确定买家的年龄、性别、地域分布等;最后,根据目标客户的特点,定位店铺装修风格。店铺装修的过程中考虑以上因素,装修出来的店铺风格才能与品牌形象保持一致。

二、店铺取名注意什么

●简洁通俗易懂,朗朗上口,读起来响亮,让人能记住。

●独具特色。店名体现出一种独立的、与众不同的品位和风格,吸引访客注意。

●与自己经营的商品有关。从店名中能看出本店出售产品的种类及经营的范围。

●不要取偏僻怪异的名字。用一些吉祥好听的名字,不要为了吸引人注意而起一些低俗、没有美感、令人反感的名字。

三、店标设计应遵守哪些原则

●简练、明确、醒目。图案不要太复杂,也不宜过于简单,具有较好的识别性,让人看了瞬间产生效应。

●新颖独特。店标代表着品牌,传达店铺的经营理念、风格特征,因此,在设计时要与众不同、别出心裁。

●要形象,符合审美。店标设计要形象,这样更能让大脑记忆,产生简练清晰的视觉效果和视觉冲击力。

四、店铺装修要避免哪些误区

误区一:图片过多、过大。店铺在装修时首页里面的图片不宜太多、太大。太多的图片占据了很大的空间,会使买家访问速度变慢。如果买家半天都没有打开店铺或是链接的页面,那么买家的购买欲就会大打折扣,或者干脆就不看了。

误区二:商品过度分类。店铺在装修时设置宝贝分类,出发点是方便买家可以更好地搜索到店铺里的商品。如果店里的宝贝分类太繁复的话,无法做到让买家一目了然,会影响买家浏览店铺,降低了店铺的浏览量和商品的成交。

误区三:乱用背景音乐。现在有很多网友都习惯听着自己喜欢的音乐来浏览网页,店铺的背景音乐会干扰他们听喜欢的音乐,从而使买家还没有等店铺网页完全打开就关闭了。此外,有的背景音乐是在浏览宝贝的时候重复播放的,这一点相信很多人都会感到厌烦。

五、农产品品牌包装设计应该从何处着手

农产品品质千差万别,如何让消费者快速了解农产品的品质、促成销售,这时需要借助包装设计,通过品牌来为农产品品质背书。因此,在包装设计上应该从3个方面着手。

一是展现产品的原生态形象。现在很多消费者追求自然和原生态,因此,在品牌包装设计时,应在原生态的基础上,加上点儿个性风格,便是设计的重点。

二是注重区域特色。农产品带有鲜明的地域特点,需要在形象设计上注重地域特色和文化挖掘,将产品文化底蕴和地域特色通过包装进行全面诠释,契合消费者所追求的消费心理。

三是包装要方便且有趣好玩。除了包装上要考虑方便性外,面对时尚需求更高的年轻群体,还需要通过寻求趣味性的包装设计来突破产品本身。

第三章

农村电商网店经营实务

网上开店是一种在互联网时代背景下诞生的新型销售方式。区别于线下的传统商业模式，网上开店投入不大、经营方式灵活，可以为经营者提供不错的利润空间。本章结合农产品特点，介绍农村电商网上开店的准备、步骤及营销技巧。

第一节 开店前的准备

一、硬件准备

网上开店，基本的硬件配置一定要准备齐全，包括一台能上网的电脑、一台数码相机，其他可以选择配置的硬件有扫描仪、传真机、打印机等。

二、软件准备

经营网店要对电脑和网络有一定的了解，不需要精通，但至少懂得一些软件的基本应用，比如即时通信软件 QQ、微信、阿里旺旺（图 3-1）及电子邮箱。使用即时通信软件最重要的是熟练打字，否则与客户沟通交流时，打字速度慢，容易流失客户。还要会使用图片处理软件和短视频拍摄软件，便于更好地展示商品。

图 3-1 即时通信软件

第二节 开店流程

淘宝、天猫、京东、微店等电商平台开店都要经过“注册—申请开店—发布产品”三步。选择哪一家电商平台关键还是要看经营的农产品，对于数量较大、具有标准化的、大众化的农产品，选择天猫、淘宝等电商平台是最适合的；对那些数量少、质量好的农产品，可以选择微店平台。本节重点介绍这几个平台的开店流程。

一、淘宝开店流程

1.注册

▶▶▶免费注册

在淘宝网首页(图 3-2)点击“免费注册”,就会出现填写注册信息的页面,包括用户名、账号信息、支付方式等。按照要求自己注册一个淘宝账号即可。

图 3-2 淘宝网首页

▶▶▶开通支付宝

注册淘宝会员时,若勾选“同意支付宝协议并开通支付宝服务”,淘宝网将会自动为用户创建一个以注册邮箱为账户名的支付宝账号。打开邮箱激活该账号即可使用。支付宝需要实名认证,认证流程为:登录支付宝网站—账户设置—立即认证—身份验证—银行卡验证。

支付宝实名认证就是核实会员身份信息和银行账户信息,通过支付宝实名认证后，相当于拥有一张互联网身份证，可以在淘宝网等众多电子商务网站开店、出售商品，增加支付宝账户拥有者的信用度。

▶▶▶下载相关的淘宝工具软件

最常用的是千牛工作台和淘宝助理软件。千牛为阿里巴巴官方出品的卖家一站式工作台，分为电脑（PC）和移动版本。其核心是为卖家整合店铺管理工具、经营资讯消息、商业伙伴关系，借此提升卖家的经营效率，促进彼此间的合作共赢。让卖家可以更加便捷和高效地管理店铺，让做生意游刃有余。

千牛安装步骤如下：用浏览器打开网址 http://work.taobao.com，进入千牛工作台官方下载页面，开店用户在本页面下选择电脑客户端下载安装即可。手机客户端可扫描右侧二维码下载安装（图 3–3）。

图 3–3 千牛二维码

淘宝助理是一款免费的、功能强大的客户端工具软件，它可以使店主不登录淘宝网就能直接编辑宝贝信息，快捷批量上传宝贝，是上传和管理宝贝的店铺管理工具。在浏览器地址栏中输入 http://zhuli.taobao.com/，下载安装软件即可。

2.申请开店

打开淘宝网首页，在淘宝网左上角或者右上角靠下一点有一个账号登录，登录已注册的淘宝账号。点击右上角“千牛卖家中心”的下拉菜单中的“免费开店”。

免费开店有两个条件，需要完成支付宝和淘宝个人实名认证。当完成支付宝实名认证操作之后，点击返回“免费开店”页面时，可以进行“淘宝开店认证”的操作。如果支付宝已经实名认证，直接点击“淘宝开店认证”同行的“立即认证按钮”，进入“淘宝身份认证资料”页面，请根据页面提示进行操作（图 3–4）。

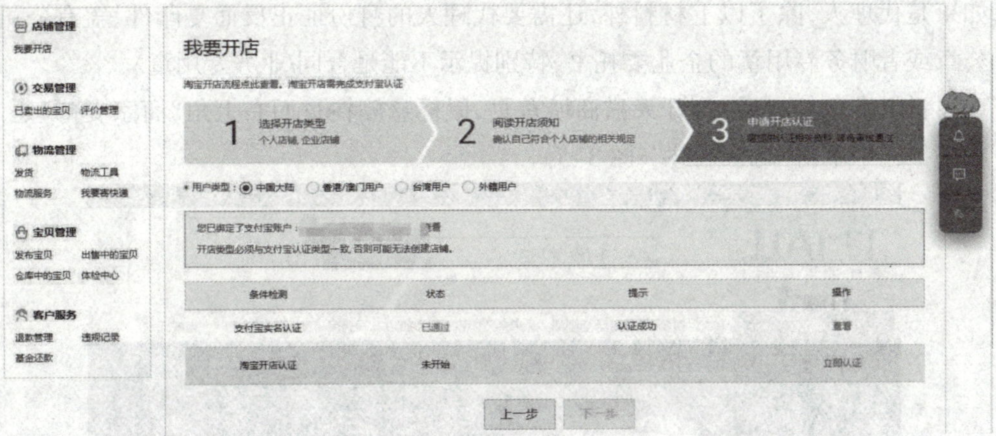

图 3-4　淘宝开店申请

3.发布产品

淘宝卖家至少要发布 10 件宝贝才能申请店铺。没申请到店铺前，宝贝只可以作为单品出售，申请到店铺之后，就可以将宝贝放在店铺中出售。

宝贝可以在淘宝网站发布，也可以通过淘宝助手发布。发布宝贝有两种方式，一种是一口价方式，一种是拍卖方式。一口价方式发布宝贝的步骤如下。

- 登录淘宝网，点击右上角“千牛卖家中心”，在“我是卖家”页面单击左边“发布宝贝”链接。

- 选择类目，也可以输入宝贝名称，自动匹配类目，选择好后，单击“我已阅读以下规则，现在发布宝贝”按钮。

- 在打开的页面中输入宝贝信息，单击“上传新图片”，上传宝贝图片。填写宝贝详细描述信息、物流信息、其他信息，单击“发布”按钮完成宝贝发布。

在发布 10 件宝贝之后，可以申请开通网上店铺。具体步骤是：用户可以登录淘宝，进入“千牛卖家中心”，在“我是卖家”页面单击“免费开店”超链接，即可开通网上店铺。

二、天猫开店流程

天猫开店需要准备的材料有支付宝企业认证需要的材料，包括营业执照复印件、对公银行账户（可以是基本户或一般户）、法定代表人的身份证正反面扫描件。

如果是代理人，除了以上材料外，还需要代理人的身份证正反面复印件、盖有公司公章或者财务专用章的企业委托书，特别提示不能是合同/业务专用章。

材料准备好之后，打开天猫商城首页，鼠标悬停在页面右上角“商家支持”处，在下拉栏中单击“商家入驻”（图 3–5）。

图 3–5 天猫首页

[小资料]

天猫和淘宝的区别

区别	天猫	淘宝
区别一：卖家和商家	天猫：属于商家销售平台，多为企业或者公司直销形式销售产品，又称天猫商家，是众多品牌产品的销售商城	淘宝：相当于一般集市，产品多为批发或者代理的形式销售
区别二：开店成本	天猫：品牌商城，开店审核严格，需要具体营业执照、企业相关证明材料等，入驻天猫需要缴纳保证金，比淘宝开店成本高	淘宝：个人集市，个人卖家开店平台，开店流程相对简单，只需要有个人身份证即可免费在淘宝开店，免费拥有个人的淘宝店铺
区别三：产品及服务	天猫：成本高，产品比淘宝贵，信誉相对比较好，有完整的售后服务流程，商家信誉有保障，并且产品经过严格审核，权威正规品牌，无假冒伪劣产品销售	淘宝：产品多样化，相对天猫商城产品销售价格更低，但淘宝个人卖家信誉无保障，消费者在挑选个人淘宝店铺时更注重挑选有信誉的卖家购买

三、京东开店流程

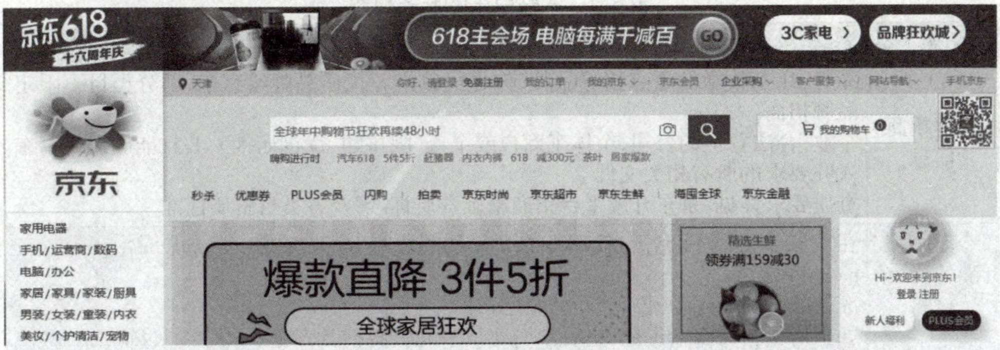

图 3-6　京东首页

京东商城(图 3-6)不接受个人申请,必须以注册公司或者品牌的条件才能进行入驻申请。入驻流程可登录网址查看(https://zhaoshang.jd.com/index)(图 3-7),也可扫描右下角的二维码查看(图 3-8)。基本流程为:注册京东用户账号—填写提交信息及资料—等待京东审核—商家缴费并得到京东确认—开通店铺。

图 3-7　入驻京东的页面

入驻前,按照将要开通店铺的经营类目、店铺类型和是否进口,查看资质要求和相关费用(https://zhaoshang.jd.com/p/flow/view?menuId=1)。

图 3-8　京东入驻流程

入驻京东具体操作步骤见表 3–1 和表 3–2。

▶▶▶入驻前准备

表 3–1 入驻京东的准备材料

步骤	详情
了解招商信息	品牌：京东枚举的重点招募品牌，你也可以推荐优质品牌给京东，部分类目不限定品牌招商 企业：合法登记的公司，个体工商户或个人（限拼购、优创店铺），并且能够提供京东入驻要求的所有相关文件 资质要求详见“京东开放平台招商基础资质标准”及各类目资质标准
准备资质材料	在京东商家入驻平台上查询入驻所需资质和费用（https://zhaoshang.jd.com/p/cost/view?menuId=2） 准备的资料请加盖开店公司公章（鲜章） 如申请材料缺少会退回重新提交，建议事先资料准备齐全，一次性通过审核
开通京东钱包	提前开通京东钱包可在入驻审核后的开店任务中直接使用，注册京东钱包及钱包实名认证预计需 2 个工作日，建议提前准备。开通京东钱包不影响店铺入驻资质的提交及审核

▶▶▶入驻申请

表 3–2 入驻京东的申请流程

注册账号	填写公司信息	填写店铺信息	签署合同 提交入驻申请
在进入入驻流程前，请注册京东个人用户账号，用于入驻关联 进入京东用户中心，验证手机和邮箱，以保证入驻信息的安全 进入商家入驻页面，点击“我要入驻”，进入入驻流程	确认入驻协议，查看入驻须知 录入开店联系人的信息，便于在入驻过程中遇到任何问题，京东可以第一时间联系到店主 填写公司信息，包括营业执照、组织机构代码和经营信息	填写店铺信息，包括店铺类型、经营类目和品牌。提交公司和类目品牌相关资质 点击查看入驻所需资质 选择希望使用的店铺名称和域名	确认在线服务协议，提交入驻申请

▶▶▶审核

京东首先进行资质初审，审核周期为 7 个工作日，审核的主要内容如下。

- 资质真实有效。
- 规模达到入驻要求。

●授权有效,链路完整。

●生产经营范围,产品安全性,资质完整,符合国家行政法规许可要求。

初审通过后,进行招商复审,审核周期为5个工作日,店铺授权大概3个工作日。商家可查询入驻审核进度。入驻过程中的重要信息,京东会以邮件形式发送至入驻联系人信息中填写的邮箱。

▶▶▶开店

有三项工作需要做:一是完善不同管理角色联系信息,退换货地址信息填写维护;二是账号安全验证,设置账号绑定手机、邮箱(可用于重设找回密码);三是缴费开店,在线支付平台使用费、质保金,完成缴费。京东确认缴费无误,店铺状态变为开通,店主就可以登录商家后台开始正常经营。

[小资料]

天猫、淘宝和京东是农产品电商经营的主要渠道

据《2019全国县域数字农业农村电子商务发展报告》调查显示,2018年全国县域农产品网络零售额总计2176.3亿元,占全国农产品网络零售额的94%;五大电商平台中,天猫平台为994.88亿元,市场份额达45.71%,占比最大;第二名为淘宝,市场占比为28.35%,天猫、淘宝上演“双雄会”,二者市场份额约75%;紧随其后的是京东,占比23.77%;拼多多和苏宁占比分别为1.72%和0.45%。在农产品网络零售上,天猫、淘宝等综合电商平台仍然起主导作用,其中天猫平台在县域地区最受欢迎。

四、微店开店流程

微店作为智能手机普及后的新型网店模式,任何人通过手机号码即可开通自己的店铺,并通过一键分享到社交平台来宣传自己的店铺并促成交易,降低了门店的门槛和复杂手续,并且不收任何费用。微店开店有两种方式。

●使用电脑打开微店官网,在浏览器的地址栏输入www.weidian.com,然后回车,进入主界面(图 3-9)。

●使用手机的微信扫一扫功能,扫描图 3-9 的二维码,在手机上出现“微店店长版”界面。应用市场上搜索“微店店长版”App,进入下载界面,点击“下载安装”。安装完毕出现“应用程序已安装”提示,然后点击“完成”按钮。

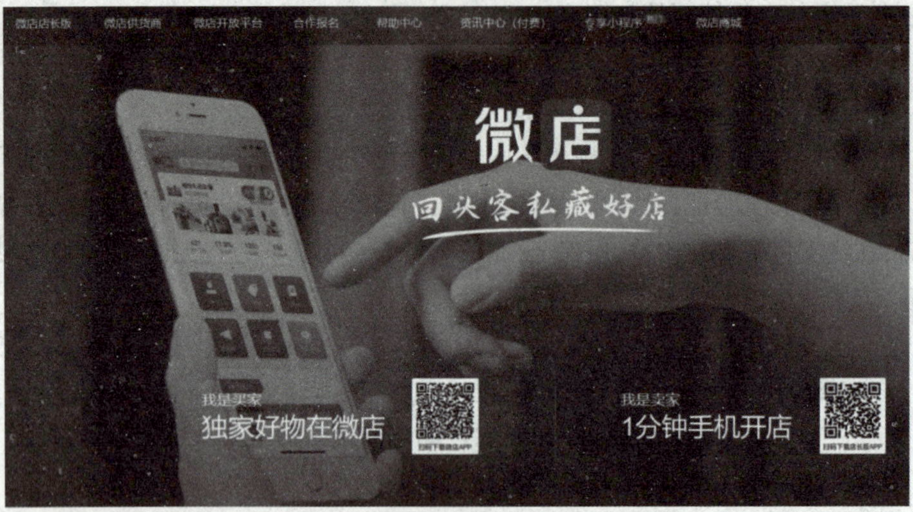

图 3-9 微店登录首页

第三节 支付与结算的方法

电子商务交易中,除了货到付款之外,使用最多的是支付宝、微信、网银 3 种电子支付工具。下面我们分别介绍一下。

一、支付宝

支付宝是中国主流的第三方网上支付平台,致力于为中国电子商务提供“简单、安全、快速”的在线支付解决方案。支付宝是由阿里巴巴集团的关联公司支付宝(中国)网络技术有限公司开发的。支付宝登录首页见图 3-10。

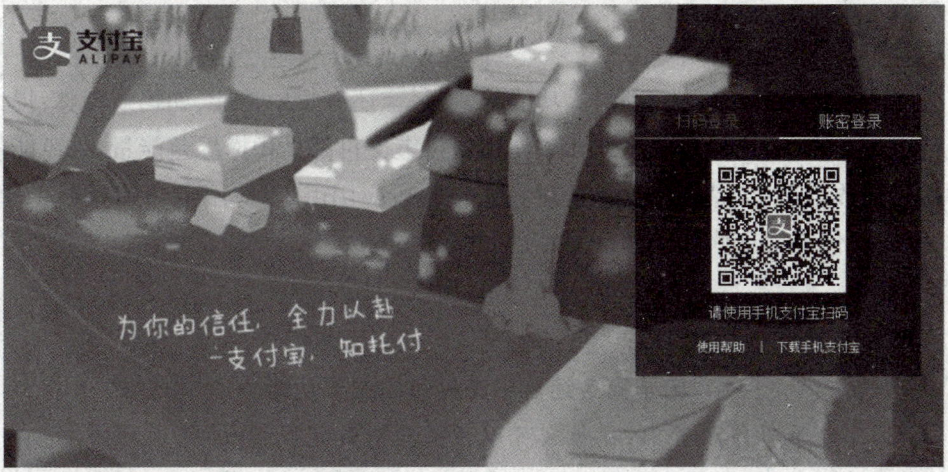

图 3–10　支付宝登录首页

1.支付服务

支付宝支付服务包括网购担保交易、网络支付、转账、信用卡还款、手机充值、水电煤气缴费、个人理财等多个领域。在进入移动支付领域后，为零售百货、电影院线、连锁商超和出租车等多个行业提供服务。

2.余额宝理财

支付宝与国内外 180 多家银行及机构建立战略合作关系。余额宝实际上是购买一种货币基金，每天有收益，在余额宝里可以看到收益及收益率，相当于存银行的利息，但比银行定期更方便，可以随时存取。

3.支付宝钱包

支付宝钱包可用来还信用卡、转账、充话费、缴水电煤气费等，有了支付宝钱包还能便宜打车、去便利店购物、售货机买饮料等。

4.支付宝花呗

支付宝花呗是支付宝提供的一种相当于信用卡的信用消费工具，用户在消费时，可以使用花呗的额度，享受“先消费，后付款”的购物体验。最大的特点是还款方便，支持支付宝自动还款。

5.娱乐服务

除了支付、还款、转账、理财等功能外，支付宝还有娱乐功能，如蚂蚁森林，提倡低碳生活方式，用户只要骑车、走路、使用支付宝支付都会积攒绿色能量，绿色能量攒够一定数量后，支持在干旱地区种树。在手机应用市场（应用宝、360 手机助手）中，下载支付宝 App，可以了解更多的支付宝功能。

[小资料]

电子商务经营中支付宝的主要功能

电子商务经营中，支付宝可以为买卖双方完成安全、快速的网上支付业务，并为买卖双方提供交易资金记录的查询和管理，为用户提供在银行账户和支付宝账户之间的资金划转业务，并提供相应资金往来记录的查询和管理。简单来说，买家购物时，先将钱打到支付宝里，等到买家收到货，可以手动操作将支付宝的钱打到商家账户；如果忘记操作，7 天之内支付宝会将钱自动打到商家账户；如果买家没有收到货，可以不给卖家付款，这为买家提供了一种保障。

[小资料]

支付宝收款和付款流程

●付钱操作：打开手机支付宝，点击首页第一行的“付钱”，出现“向商家付钱”的页面，出示该页面即可（图 3-11）。

●收钱操作：打开手机支付宝，点击首页第一行的“收钱”，出现“个人收钱”的页面，出示该页面即可。该页面下面有“收款记录”，可查询已收的款项。

图 3-11　支付宝收付款

二、微信

“微信支付”，我们太熟悉了！如过年过节时候的收发红包、超市购物出示付款码完成支付、扫描商家提供的微信二维码完成付款等。

微信支付是集成在微信客户端的支付功能，用户可通过手机完成快速的支付流程。微信支付以绑定银行卡的快捷支付为基础，向用户提供安全、快捷、高效的支付服务。目前微信支付已实现刷卡支付、扫码支付、公众号支付、App 支付，并提供企业红包、代金券、立减优惠等营销新工具，满足用户及商户的不同支付场景。

1.微信中用户如何绑定银行卡

●打开微信，进入到“我”选项，点击“支付”（图 3-12）。

●进入到“钱包”选项后，点击“银行卡”，进入到“我的银行卡”选项后，点击“添加银行卡”可设置密码。

●根据提示输入银行卡的持卡人姓名和卡号。

●填写卡类型、手机号码，进行绑定。

●手机会收到一条附带验证码的短信，填写后确认。

●两次输入，完成设置支付密码，银行卡绑定成功。

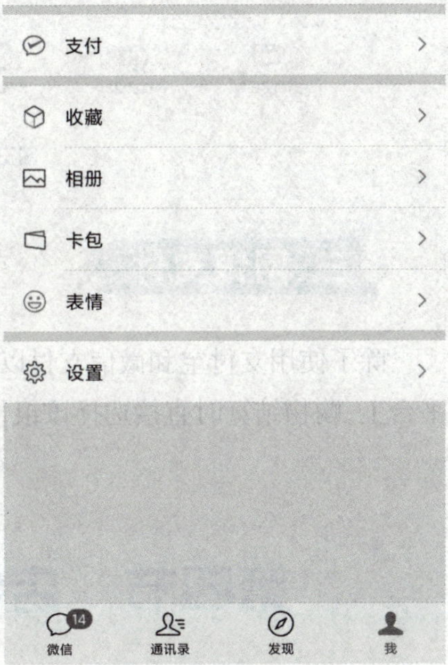

图 3-12　微信支付

2.如何设置支付密码

打开微信，点击屏幕右下角“我”—打开“支付”—选择“钱包”—选择“银行卡”—点击“添加银行卡”，根据提示填写银行卡相关信息，输入“手机验证码”，设置“微信支付密码”并再次输入密码确认，即可开通微信支付密码功能。

3.如何收付款

打开微信，点击屏幕右下角“我”—打开“支付”—选择“收付款”。第一项是向商家付款，第二项“二维码收款”。根据需要选择收款还是付款（图3–13）。

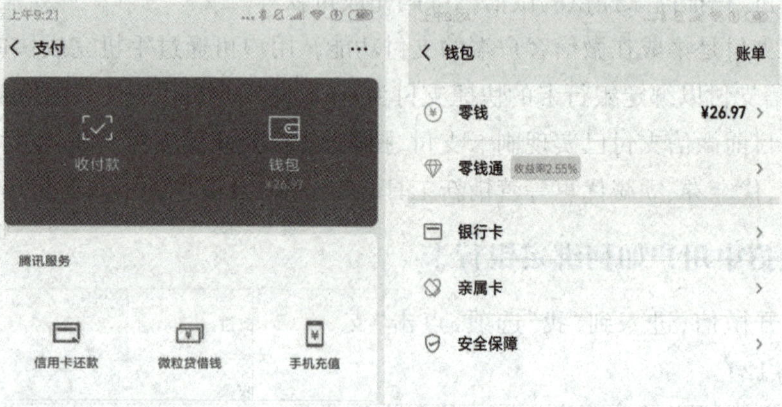

图3–13 微信收付款

三、网银支付

除了使用支付宝和微信支付以外，还可以将银行信用卡和借记卡关联到电商平台上，购物结算时直接选择该银行卡即可。

第四节 店铺推广及促销技巧

一、店铺促销策略

1.促销的时机选择

促销虽好，但不能随时都用。如果全部商品都在搞促销，促销也就没有意义了。

促销的最佳时机选择很重要，主要有以下几点。

▶▶▶ 新品上架

新品促销可以作为长期促销活动，新品促销能加快商品卖出的速度，也有利于培养老客户的关注度，提高忠诚度。

▶▶▶ 节日促销

节日期间，大家都放假了，有时间逛商场、逛超市，网上购物的人变少。因此，节日促销需要提前一周开展。

▶▶▶ 店庆

店铺在"升钻升冠"、周年庆时可以搞比较大的促销活动，还可以向客户展示店铺历史，给人信任感。

▶▶▶ 换季清货

针对季节性较强的商品，换季促销活动力度较大，而客户显然也乐于接受换季清仓类活动。

"密农人家"的促销活动见图 3-14。

图 3-14 "密农人家"的促销活动

2.促销策略要点

▶▶▶ 促销程度的确定

打折的程度、让利的幅度要既能吸引客户，又不丧失利润。靠单纯的价格取胜，可能就给消费者留下不好的印象，会损害品牌形象和长期利益。

▶▶▶促销范围的确定

确定哪些商品打折，新品是否要打折。

▶▶▶促销频率的确定

确定一年打折几次。

▶▶▶促销期间的确定

打折对应的时间段不是越长越好，打折周期过长，降低了消费者立即购买的决心，控制在 5~10 天比较合适。

▶▶▶促销方式的确定

应采取什么方式打折。现有的促销方式有满减、搭配套餐、限时打折等，具体哪种商品用什么打折方式，还需要因地制宜、因时制宜。

［小资料］

淘宝店内促销关键词

新品上市、火爆热卖、店主推荐、限时打折、满就送、节日特惠。

二、开通钻石展位

钻石展位是淘宝网图片类广告竞价投放广告，是为淘宝卖家提供的一种营销工具。钻石展位依靠图片创意吸引买家点击，获得巨大流量。按照出价从高到低进行展现，计费单位为 CPM(每千次浏览单价)计费。买家根据群体、访客和兴趣点 3 个维度设置定向展示。钻石展位性价比高，更适于店铺、品牌的推广。

1.钻石展位的操作流程(图 3–15)

图 3–15 钻石展位的操作流程

2.钻石展位的三大优点(图 3–16)

图 3–16 淘宝首页的钻石展位

►►►超低门槛

即使花很少的钱也可以买到淘宝最有价值的展位。

►►►超炫展现

展现形式更炫丽,展现位置更大,展现效果更好。

►►►超优产出

信息不展现不收费。自由组合展现的时间、位置、花费,轻松达到最优的投产比。

3.决定钻石展位效果好坏的因素

▶▶▶图片素材

图片素材是决定效果好坏的重要因素。图片做得美观的比不美观的点击率高，效果更好。优秀的广告素材必须具备高转化、高点击的特征。

▶▶▶广告文案

图片广告上的广告文案和图片一样也能决定广告的效果，同样的图片，上面的文案不同，广告所带来的效果不同。根据实际投放监测数据显示，这个差异能在3倍或者以上。

▶▶▶目标人群

针对自己的产品，要了解对应的目标人群，然后再去选择自己所要面向的人群来投放，有效地提高广告所带来的流量转化率。

▶▶▶投放时段

考虑买家的作息时间、客服的作息时间，确保广告投放时间段内有客服在线，这样客户的购买率会上升，客户体验也会提高。

三、加入直通车

1.什么是直通车

卖家设置与推广商品相关的关键词和出价，在买家搜索相应关键词时，推广商品获得展现和流量，实现精准营销，卖家按所获流量(点击数)付费。卖家加入淘宝/天猫直通车，即默认开通搜索营销。

淘宝直通车具有全域覆盖、精准投放的优势。每天超3亿买家使用，有超百亿的展现和流量，增加成交机会。通过关键词锁定买家，通过人群、时间、地域使投放更精准。

淘宝移动直通车拥有全球最大移动购物搜索，3.5 亿淘宝手机用户，1.36 亿月度手机活跃用户，每天超过 1000 万潜在买家用手机搜索。

2.展现形式

在显著位置展现创意图、创意标题、价格、销量，或者在展现位置打上“掌柜热卖”标识。

3.展现位置

●关键词搜索结果页“右侧”掌柜热卖（12 个直通车位置）（图 3-17）。

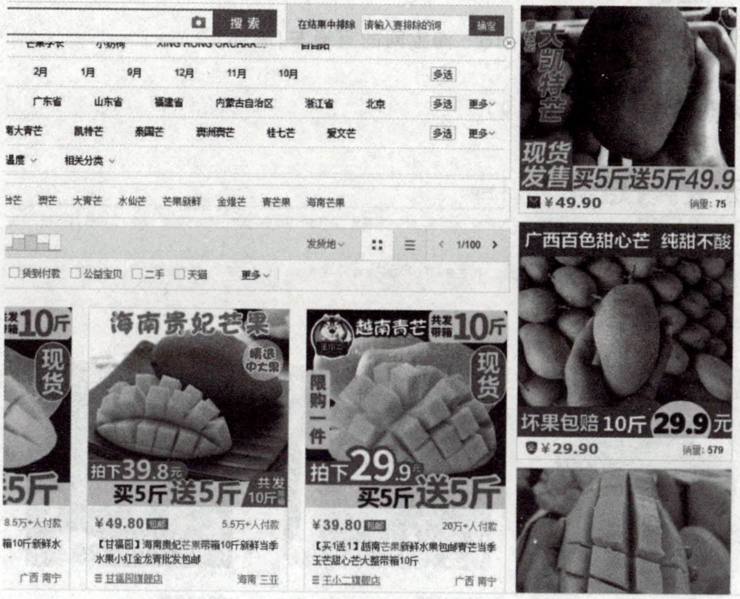

图 3-17　淘宝网的直通车（页面右侧）

●关键词搜索结果页“底部”掌柜热卖（5 个直通车位置）（图 3-18）。

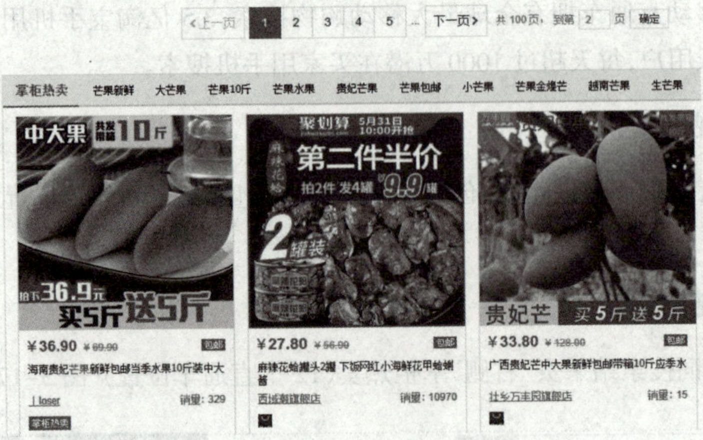

图 3–18 淘宝网的直通车(底部)

●淘宝网热卖页面(图 3–19)。

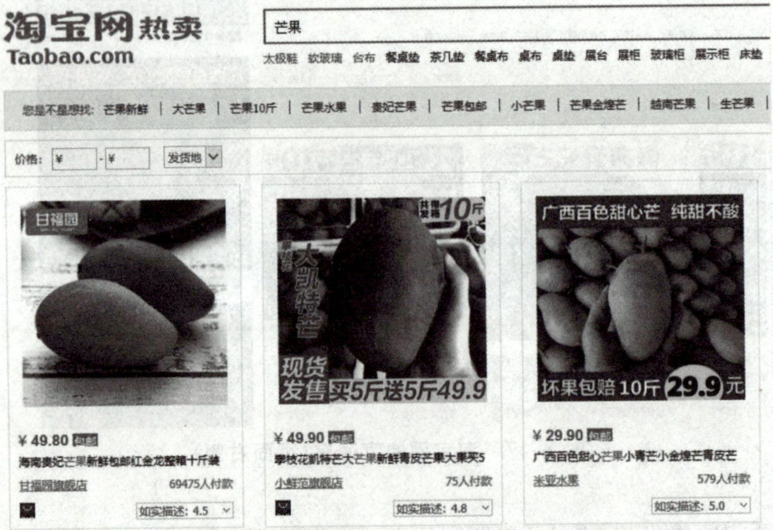

图 3–19 淘宝网的直通车(热卖)

●手机淘宝 App 的首屏展示，展现样式醒目——HOT 标识、免邮、销量信息一目了然(图 3–20)。

图 3-20　手机淘宝的直通车(HOT)

4.加入直通车的步骤

登录"我的淘宝",点击"营销中心"超链接,进入淘宝营销中心页面,单击"淘宝直通车"按钮。

进入淘宝直通车首页,页面上显示"账户未激活",单击"立即充值"按钮。第一次开户需要预存500元以上的费用,用于接下来推广所产生的费用,选好充值金额后,单击底部"立即充值"按钮。经过支付宝充值操作后,返回到直通车主页。账户就会开通并可以使用了。

第五节　网店售后服务

网店售后服务可以选择服务外包,在淘宝"千牛卖家平台"上有第三方的售后服务解决方案。这里简单介绍网店的售后服务形式和处理技巧。

一、服务形式

1.即时服务

通过阿里旺旺、京东咚咚等软件提供的即时服务是最主要的服务方式,买卖双方能够在第一时间一对一地实时沟通。很多客户在购买商品之前会先咨询产品，客服如果没有第一时间回答，买家会选择其他商家。

2.电话服务

电话服务是最直接、快速的一种买卖双方沟通方式。卖家在电话中解答客户问题的语气态度、描述商品的专业知识等，会直接关系到商品成交与否。

3.电子邮件服务

电子邮件服务适合较多信息要交流但又不方便时时刻刻挂在网上的买卖双方使用。国外买家更喜欢用电子邮件与国内卖家联系，这时拥有一个稳定的电子邮箱很有必要。

二、客服沟通技巧

1.态度热情，回复要快速

当买家咨询“在吗”的时候，要快速回答“亲，在的，很高兴为您服务”。态度上要热情，语言要真诚，言谈举止都要流露出真情实感。买家咨询的第一时间，快速回复买家，可以留住买家。人们买东西时都会货比三家，谁第一时间回复，谁就占了先机。

2.细致缜密的询问

买家咨询商品的时候，客服要认真介绍该商品的优点和特色。如果商品没有了，也不能直接回答没有，要向客户推荐店里其他相似的产品，比如“这个卖完了，有刚到的其他新产品，给您看看”，并发个推荐产品的链接。

3.精准推荐

在向客户推荐产品的时候，客服要了解客户的需求和喜好，专业、精确地推荐产品，不能让客户产生厌烦心理。

4.让客户跟着你走

客服在回答问题的时候不能说“你……”“我觉得……”“大概……”“可

能……”等这样的一些回答。这样模糊的回答不好。为什么呢？因为客户来咨询，本身就是因为他有疑问，他在犹豫不决，而你却不能给他一个明确的答案，相反你还会让他更纠结。

5.与买家争辩无意义

与买家争辩解决不了任何问题，反而会招致买家的反感。首先客服要理解买家对商品有不同的认识和见解，容许买家发表不同的意见。如果刻意去争辩，即使占了上风，但失去了买家、丢掉了生意，也是得不偿失。

6.不要质问买家

客服与买家沟通时，要理解并尊重买家的所需与观点，要知道他选择此商品必然有理由，不买有不买的理由，切不可采取质问的方式与买家谈话，比如“您有什么理由说我的××质量不好？”“您凭什么讲我的信用是炒作的？”。

7.不要使用专业术语

客服推荐自己的产品时，不要用专业术语，要用最简单的、易懂的词汇来表达。

8.讲究沟通艺术

买家成千上万，千差万别，各个阶层、各个方面，他们的知识和见解都不一样，客服在与其沟通时，如果发现他在认识上有不妥的地方，不应该直截了当地指出。

三、处理中差评或客户抱怨的技巧

1.态度端正

收到客户中差评的时候，客服首先要谦和、认真地倾听，判断问题存在的原因，找到解决办法。

2.站在客户的立场

如果自己遭遇客户的情形将会怎样做，这样才能体会客户真正的感受，找到有效的解决办法。

3.正确及时地解决问题

客服对客户的问题应该及时进行处理,拖延时间只会让客户变得不耐烦,认为自己的问题没有得到应有的重视,加剧矛盾。

4.定期总结

客服对客户反映的问题,做好记录,定期总结,以防今后经营过程中再有类似的情况出现。

案例:"密农人家"——淘宝网生鲜销售冠军

"密农人家"创立于2012年,是一家集农产品生产、加工、运输、仓储、配送为一体的电商销售企业(图3–21至图3–23)。"密农人家"企业发展定位清晰、目标明确,依托北京市密云区优质农产品资源,坚持利用互联网进行推广和销售密云优质农产品,全年稳定供应140余种优质农产品,主要产品包括无公害蔬菜、禽蛋肉类、特色水果杂粮等。产品定位中高端收入人群,以北京市场为核心,辐射天津、河北、上海、浙江等地市场。公司目前已在京津冀地区建立了良好的口碑和群众基础,广受消费者喜爱和信赖,重复购买率高于行业平均值50%,拥有会员18 000人,其中北京会员6000人,80%集中在北京和天津地区,典型客户代表为具有较高消费能力的都市白领。"密农人家" 网店2012年销售额为75万元,2013年150万,2014年350万元,2015年1080万元,2016年2100万元,连续5年位居淘宝网生鲜蔬菜类目第一名。

总结"密农人家"农产品电商成功经验主要有以下几点。

●紧抓消费者心理,精心打造企业核心竞争力。"密农人家"发展主要依靠自身竞争优势,获取市场认可,取得成绩。依托密云区优质资源环境,销售当地特色、绿色、新鲜、安全的农产品,为广大消费者提供安心、味道好的食材,提供售后无忧服务。"密农人家"着力构建企业核心竞争力:一是吃得新鲜——早上摘菜,当日送达;二是吃得放心——蔬菜有检测,密云区农业服务中心植保站提供检测;三是吃得独特——时令农产品预售模式;四是吃得时尚——线上展示、线下体验,带动口碑传播。新品种、高品质、极致新鲜,加上符合时代潮流的营销方式,这是"密农人家"在农产品电商领域取得成功的关键。

●推进"互联网+农业"深度融合,与农户利益连接紧密。"密农人家"本着"诚信经营、回报家乡"的理念,与密云区境内50余家肉、蛋、果蔬、粮食生产基地的农户

图 3-21 “密农人家”首页

图 3-22 “密农人家”新品上市

图 3-23 “密农人家”爆款推荐

建立了互助、互利、互信的合作关系，直接带动农户 300 余户，平均每户增加收入 2000 元。利用大数据指导产销，结合市场需求将最新科研成果品种、种植方式等落地产业化，指导合作社和农户生产，形成订单式生产。

●拓展销售渠道、创新营销方式，与时俱进，紧跟消费者需求。通过互联网渠道进行农产品的推广和销售，践行“互联网+农业”。一是销售渠道多种多样，灵活多变，依托互联网，开展多种销售渠道，目前在淘宝、京东、下厨房、微信商城等渠道进行销售；二是营销方式更符合消费者需求，采用“直播”形式，实景拍摄，如实描述，让消费者更直观地了解密云农产品生产全过程；三是采用体验式营销，组织市民参与生产，如红薯地分片认领，公司负责管理，市民可体验农事活动，享受丰收果实，建立微商团队，开展微信营销，以此拓展业务量，扩大品牌影响力；四是开通“密农人家”微信公众号，定期推送店铺活动和体验活动，提供便捷的会员管理操作，将微信商城小程序与公众号绑定，用户可以直接在微信商城下单。

●成立农产品电商协会，带动密云区电商行业发展。成立以“密农人家”为首的农产品电商协会，解决密云区农产品电商企业遇到的物流、包装等问题，如环保力度加大，包材价格上涨，电商协会出面与包材厂协议价格。

●密云区农民专业合作社服务中心指导经营，发挥积极作用。密云区和北京市均给予密云区境内的农产品电商企业适当的扶持，营造了良好的发展环境。一是项目和资金上的补贴，如电商经营主体收购农产品有10%的补贴，若包材价格上涨，密云区政府给予补贴；二是2015年密云区成立农产品产销联盟，指导合作社开展生产，与北京青年旅行社合作，组织“十万家庭进园区”活动，消费者免费进园区体验，园区负责接送。

第六节 常见问题及解答

一、如何使用支付宝收款

打开手机支付宝，点击首页第一行的“收钱”，出现“个人收钱”的页面，出示该页面即可。该页面下面有“收款记录”，可查询已收的款项。

二、如何使用微信收款

打开微信，点击屏幕右下角“我”—打开“支付”—选择“收付款”。首先出现的是“向商家付款”界面，点击第二项“个人收款”，即出现收款二维码，让客户扫该二维码即可。

三、如何将支付宝中的钱提现

●步骤 1：电脑浏览器打开 www.alipay.com，登录支付宝账户点击“提现”（图 3-24）。

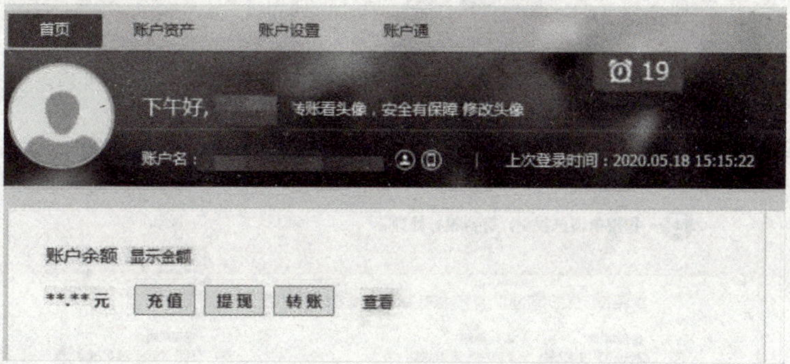

图 3-24 支付宝提现步骤 1

●步骤 2：填写提现金额，然后点击“下一步”（图 3-25）。

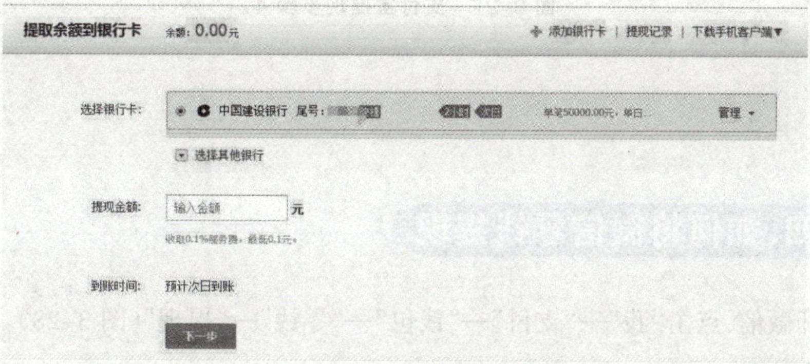

图 3-25 支付宝提现步骤 2

●步骤 3：确认提现银行信息和提现金额无误，输入“支付密码”之后，点击“确定提现”（图 3-26）。

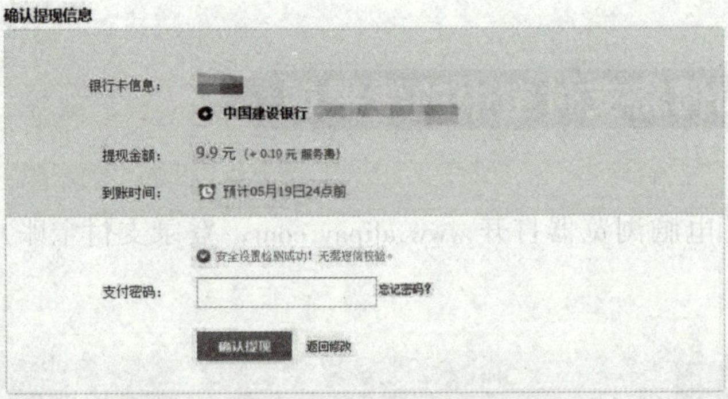

图 3–26　支付宝提现步骤 3

●步骤 4：提现申请成功提交，请耐心等待款项到账(图 3–27)。

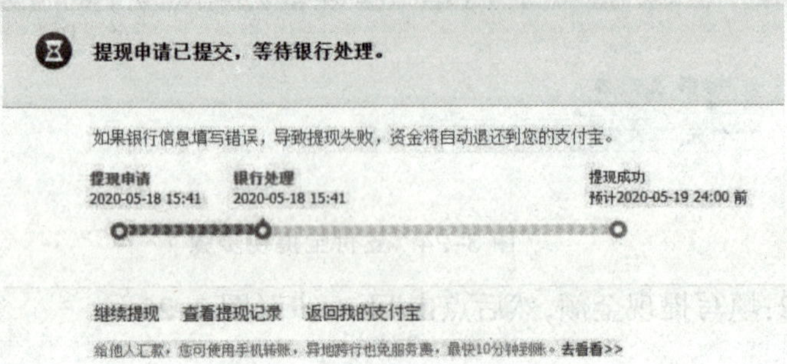

图 3–27　支付宝提现步骤 4

四、如何将微信零钱提现

打开微信，点击“我”—“支付”—“钱包”—“零钱”—“提现”(图 3–28)。

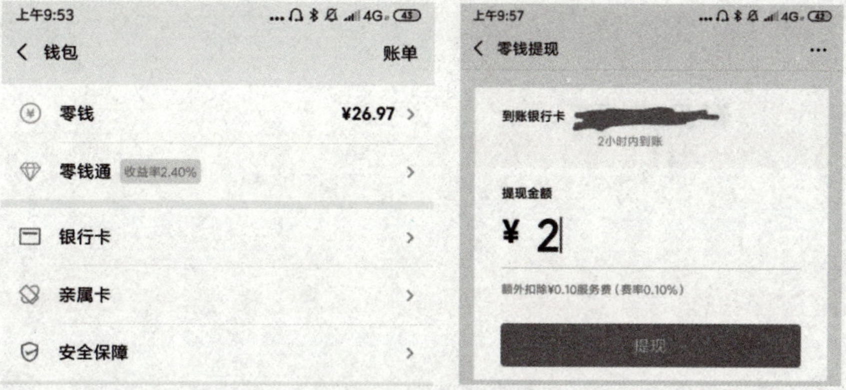

图 3-28　微信提现操作

五、支付宝和微信提现收取手续费吗

支付宝和微信提现要收取费用。支付宝规定，同一身份证下的多个实名账户终身共享 2 万元基础免费额度（含转账到银行卡、账户余额提现），超过额度后超出金额按照 0.1%收取服务费，最低 0.1 元/笔。微信提现收取 0.1%的服务费。

第四章

农产品微商巧经营

截至2019年微信月活跃用户达到11亿,这是一个非常庞大的市场。自2014年微商发展以来,发展速度倍增,微商从业人员在5000万人左右,微商行业市场规模在2018年达到7000亿元,2019年市场需求规模达到1万亿元。那么什么是微商?农产品微商该如何做?这是本章要回答的问题。

第一节 微商知多少

一、什么是微商

2019年1月1日《中华人民共和国电子商务法》正式实施，微商被纳入电商经营者范畴。微商发源于个人代购，2014年依托微信朋友圈刷屏式的野蛮生长，仅一年时间，就有超过1200万的微店数量。2015—2016年微信官方对微商的政策从支持鼓励转向严肃监管，从此微商逐渐走入正轨。到底什么是微商？很多人把利用微信卖商品定义为微商，将微商解释成“微信电商”。其实微信开店只是微商的一种手段，广义来讲，凡是在移动终端平台上借助移动互联网技术进行的商业活动，都可以称为微商。简单来说，微商是指企业或个人通过微信、微博等互联网社交平台进行商品线上分销的商业活动。

微商经营有四大元素：基于移动互联网的空间，借助于社交软件为工具，以人为中心、社交为纽带的新商业。

二、微商前景如何

中国电子商会微商专业委员会发布的报告显示，近几年我国微商市场规模快速扩张，2017年中国微商行业市场交易规模为6835.8亿元，2019年微商规模将近1万亿元。从事微商的人员数量迅猛增长，2017年我国微商从业人数超过2000万，达到2018.8万人。微商行业利用社交渠道的优势，颠覆传统电商的流量瓶颈，避免了高额的店铺租金、进场费、人工、物流等费用，更快、更短、更近地获取客户和市场。随着移动互联网热潮的高涨，未来微商将成为电商的新趋势、新模式。

三、农产品微商的运营模式有哪些

任何营销都可以看成是两种，即自己营销和招代理营销。只不过通过这两种模式运营出的场景是多样化的。农产品微商的主要模式概括起来有3种。

1.自产自销

自产自销即自己生产自己卖。这种模式优点明显，没有中间商收取差价，大大增加了农户的毛利空间；自己种地自己卖，农户接受度较高。但缺点也不容忽视，生产者对互联网和电商的认知不足，自营操作困难，对网店如何开、如何营销、如何找物流等一系列事情都不太了解，微店销售受影响。

2.招代理经营

通过招募代理去与消费者互动，这是微商最常见的运营模式。按照零售终端代理主体的不同，微商可以分为两种：一种是个人基于朋友圈开店的C2C模式，一种是企业基于微信公众号开设微商城的B2C模式。代理经营具有互惠互利的特点，生产方可以集中精力生产，代理人可以集中精力搞销售，极大地促进了产销的有机结合。

3.自营+代理的模式

自营+代理的模式是最适合农产品微商的发展模式。由于农产品微商刚刚起步，还有很多不完善之处，无论自己经营，还是代理经营，都各有弊端。自营+代理的模式，农户利益虽然有所减少，但通过拓宽销售渠道，大大提高了产品的销量，进而提高农户的最终利润。

无论哪种模式，农产品微商都有以下几个特点：准入门槛低，有手机、有微信号即可；零成本，对于一些没有资金的人来说，是个极好的生财途径；口碑传播快，传播效果好。但是做微商的农户，要谨慎小心，注意结合自身情况，灵活采取最适宜的方法。

[小资料]

未来微商发展模式

以 C2C 为主的个体商户在微商团体中规模最大。随着微信功能的不断完善,他们随时可能会暴发式增长。

以 B2C 为主的品牌卖家是微商的主流。由于 B2C 模式具有良好的质量保障,且便于监管和售后服务,在越来越强调规范化经营的情况下,B2C 模式将成为未来微商的主流。

以本地化生活服务为主的 O2O 模式。若微商能够将自己定位成一个移动客服的话,解决终端用户找信息难和信息不对称的问题,微商就会成为移动电商的桥梁。

第二节　微营销的精髓

一、微商卖的不是产品,而是解决方案

与传统电商相比,微商赚钱不是一个过程,而是结果。当今时代是移动互联网内容爆炸的时代,做着你喜欢的事儿、分享着你最爱的故事,就可以实现自己的价值,并且变现赚钱。举几个例子,有人边旅行边做直播,分享自己旅行中的见闻感受,既享受了旅行的乐趣,又通过打赏、代理产品广告赚钱;有人将自己的经验和知识通过网络电台向听众传播,通过会员付费,做到了将知识变现。

以前电商卖的是产品,只要产品质量过硬,加上服务好,价格不要太贵,与同行比起来竞争力会强一些,在有一定经济基础的情况下,投入一定的广告,电商就能做起来。微商则不同!很多微商说,自己的产品如何好,质量特别靠谱,但是朋友们和消费者就是不买他的东西。其实不是产品的问题,而是你不能帮他们解决问题。因为在这个时代,产品不是全部的价值,它只是产品链中的一个环节,最重要的是

解决方案。只有根据人们的需求，提出解决方案，产品才有价值，才能获取价值。如果你只有产品，很多人可以模仿，比如微商做得最多的是护肤品，但现在却越来越难做，为什么？因为大家都是靠产品，没有什么其他的价值可提供。提出适合的解决方案，微商的进入和营利门槛提高了，这种情况微商模式不容易被模仿、被超越。因为消费者选择了他们信任的服务，即使有超越它的存在，消费者也很难改掉原有的习惯。比如习惯用 iPhone 的人，他们习惯了苹果的操作，习惯了里面的服务和价值，即使小米配置高于苹果，可是这些人也不想轻易尝试换掉自己用惯的手机。

二、信任是微商的根本

在淘宝、京东等电商平台购物我们习惯性搜索，然后经过比价、咨询，最后成交，这种模式由于信息透明，同质化竞争，势必会造成价格战。而在微商的成交流程是“知晓—信任—咨询—成交”，客户的行为模式完全不一样，微商在这个流程中最重要的是信任。

微商是建立在社交基础上的商品买卖。微商社交就是通过与人的沟通，让对方相信我们的话，对方在听完我们的话后，潜意识中产生信任的感觉。有了信任，才有成交。如何让别人产生相信的感觉呢？不仅需要微商有心理学上的沟通技巧，还需要长时间的经历去沉淀，让客户产生信任是一系列小细节决定的。这里总结微商经营中的 5 种信任。

1.产品信任

产品信任度塑造就是要让客户相信微商所销售的产品质量安全可靠。如果代理卖土特产，就一定要让客户相信他的产品是正宗的、天然的、安全的。这里有一个捷径，就是选择做知名品牌的代理，这样更容易获得消费者的关注。

2.交易信任

首先，做微商，如果有精力的话，可以开个淘宝小店，店铺不用专门打理，只是做一个交易。利用淘宝店铺，给客户安全感。客户不放心微商，可以在网店下单，因为开淘宝店是交了保证金的，并且有评论，所以能给陌生人交易安全感。淘宝店铺如果不满意可以退货；如果没有履行承诺可以投诉；客户不确认收货，卖家拿不到钱。交易信任还要做到售后保障，若是买到有质量问题的产品，可以退货，产品使用后出了问题,也可以维修,这样才能让客户更为放心。

3.买家信任

微商要对自己的产品有足够的了解,如果别人问你问题,一问三不知,即使对你信任,但是基于你对产品的不了解,朋友是不会下单的。基于这一点,微商切记不能卖你自己没有使用过的产品,因为只有你自己亲身体验过,你才会用自己擅长的方式来描述产品,为客户解答。否则卖你没用过的产品,不出问题还好,一旦出了问题,你就会失去好不容易建立起来的客户关系。

4.卖家信任

如何塑造卖家的信任度,方法就是向买家展示卖家真实的一面。如果卖家是公司,提供各种资质证书,进行必要的全网营销,在央视、卫视上做广告,都可以快速建立卖家的信任度。如果是个体经营者,就要经常展现生活中的自己,你的生活状况、生活细节、见闻、看法感受,如果朋友圈千篇一律都是聊天截图和产品介绍,小心会让朋友们把你拉黑。

5.信任营销

微信朋友圈的每一条右下角都有可以评论和点赞的按钮，大家都希望自己被关注,关注谁给我们点赞,谁评论了我们。经常去评论或点赞他人的朋友圈是可以让好友快速记住我们的。或者加了好友之后,偶尔发一条关心的信息,这样他人也会觉得你在关心他,从而产生好感,当你推送一些产品信息的时候,也就不会显得那么令人反感了。

三、学会经营粉丝,扩大社交资产

通过微信,将好友、用户转化为客户,再努力将客户发展成为粉丝,让他们真心实意地喜欢你。比如网红,为什么网红那么红,因为网红有一群追随他的粉丝,很多人追着网红的视频去看,这些人就是他的忠实粉丝。

你未来能够影响多少人,就能做多大的生意,这就是社交资产。简言之,你能拥有多少粉丝,能让多少客户去相信你的品牌和产品,人数越多,意味着社交资产越大。微商一定要扩大自己的社交资产,创立属于自己的社交资产圈。

第三节 微信朋友圈营销

微信朋友圈是微商最经常使用的社交平台,朋友圈可以真实展示我们的生活,拉近朋友彼此之间的真实感和亲近感,朋友圈营销是微商要做的必不可少的一个地方。如何做好朋友圈的营销,本节介绍一些小技巧。

一、控制朋友圈信息发布数量和频率

近几年微商的数量增长很快,每个人的朋友圈或多或少都有微商不停地刷屏推销产品,打开自己的朋友圈,除了能看到广告外,其他信息基本没有,这时候你感觉怎么样?也许会很反感吧。当微商每天发布的广告数量太多或者过于频繁的时候,很容易骚扰到朋友们的生活和情绪,最终被他们所厌倦,进而被屏蔽掉朋友圈信息,甚至被直接拉黑删除好友关系,所以微商要控制广告发布数量和频率。首先,控制发布信息的数量在10条以内,尽量多发一些生活上有趣的分享信息,产品广告控制在5条以内最好;其次,控制发布频率,有的人在一个时间段连续发布10条广告信息,这种做法很容易引起别人的反感。

最佳的发布时间是什么时候呢?我们要考虑哪些人群在哪一个时间段会有时间去翻看手机、看朋友圈,然后据此规划朋友圈的信息发布。

发布时间建议

- 早上7点至9点。早上早起一点儿,赶在上班族动身上路之前,赶在碎片化时间之前把信息发出去。如果发得太早,会被其他人的信息刷掉,所以这个时间段可以选择性地发一些心情、生活照等,最好不要发广告,没有人愿意大清早就看广告。
- 中午11点至下午1点。这个时间段是吃午饭的时候,经过一上午的忙碌工作,吃饭的时候看看朋友圈有什么趣闻,这已经成为大部分人的习惯。可以选择性地发一些广告。

- 下午 4 点至 6 点。可以发一些顾客反馈之类的信息。
- 晚上 9 点至 11 点。绝大部分人在睡觉前会先看一遍朋友圈，然后才会放下手机休息。对于上班族来说，这个时候已经收拾妥当，躺在床上看手机，在校学生已经下课，这个时间段是一天当中最为热闹的时间段。这时候要多发广告，最好是和生活场景间隔发。

二、朋友圈产品广告文案

1.内容上寻找痛点

为了吸引更多的人来看，激发购买欲望，最直接的办法就是根据目标客户比较关心的问题，拿着问题直截了当地告诉他。根据自身产品的功效特点，多去分析了解需求人群背后所担心的问题，寻找痛点，引起共鸣，并用图文并茂的形式来表达。

2.标题设计要诱人

想要文案得到广泛传播，标题就要写得很诱人。标题是激发受众兴趣的关键点，一定要仔细斟酌，让别人看了就有想点开的冲动。

3.图片设计与发布

数量上为了布局，一般要发 3 张、6 张或者 9 张。要发一些使用中、使用后、顾客反馈等的照片。

三、分享生活

微商营销与普通营销不一样，微商是基于社交的营销，很多卖家的朋友圈中全是广告，没有一点关于生活的内容。买家不了解卖家，就不会购买产品。卖家在朋友圈中发广告的同时，每天至少要发一条与生活相关的内容，增强与消费者之间的情感，拉近与买家的距离。

四、增加互动

一篇再好的文案也不可能通过朋友圈来直接成交。朋友圈除了激发潜在客户外，还有一个功能是互动。互动的目的是建立彼此之间的一种情感关系和信任。如果一个陌生好友对你一点都不了解，他是不会把钱给你的，但如果之前互动几次，那可能会因为这个互动而信任对方，促成交易。互动设计可以采用集赞、评论送礼品、有奖问答的方式，奖品要足够诱人，建议参与方式越简单越好，比如就发布的照片进行点赞、评论即可。

五、增加视频分享

视频最能体现真实性。如果用小视频来拍摄出货、产品使用效果，再发到朋友圈，给人一种真实的感觉，越真实越能打动别人，越能取得别人的信任。农产品生产、包装、发货、送货等过程都可以用视频的形式发出来，让朋友圈中的人看到，给消费者真实可信的感觉。

六、借力营销

参加农产品展销会或者推介会时，如果见到一些大咖或者有影响力的人，一定要争取与他们交流、合影，然后发到朋友圈，增加朋友圈中人对你的认可度，甚至对你产生仰慕感，进而产生信任感。

七、需要注意 9 个细节

●用本人照片做头像，而不是风景、卡通、动物之类的头像，这样更能提升信任感。

●昵称的统一格式为真实姓名+你是做什么的，最好别用纯英文。

●新加朋友，马上改备注为名字+标签（职业、公司、谁的朋友、在什么场合认识的），以免混乱。

●发广告内容记得加上自己的昵称和微信号，方便好友转发。

●签名很重要，一定要用言简意赅的语言告诉别人你是做什么的，千万不要用无关痛痒的语录；发朋友圈时，牢记微信生态圈规则。

●所在位置。可以利用这个位置来做小小的广告，地址栏做出来的广告，不仅不会让人反感，还可以让这个广告更加明显。

●谁可以看。把自己的通讯录好友分组，然后在发布朋友圈信息的时候，选择哪些人可以看，哪些人不能看。这样一来，不仅可以让你想让他们看到的人看到此条信息，还能屏蔽掉一部分不想让他们看到信息的人，有利于更好地交流与互动。

●提醒谁看。当发布一些与其他人有关联的朋友圈信息的时候，可以巧妙地利用此功能来提醒他们一起来围观，每次提醒的人最多 10 人。

●坚持原创。好的农产品微商的朋友圈都是原创，没有复制粘贴的内容。农产品微商时时刻刻在考虑如何写一条朋友圈，才能吸引粉丝的注意和客户的关注。坚持原创，让朋友圈里的人更加了解你。

案例：有机生态农产品微商——王立新

王立新的生产基地位于天津市武清区下伍旗镇下伍旗村。他们夫妇均为大学生，2014 年他们辞掉了在北京市的高薪工作，回到家乡创业。他们自己设计建造温室大棚，改良土壤，利用有机方式种植蔬菜(图 4–1)。生产种植中，他们以绿色健康为理念，寻找和采用新的技术和品种，如自建滴灌设施、小型物联网控制设备，尝试种植新品种。销售方面，通过微信、微店等平台，私人定制，通过顺丰邮寄给客户，为客户提供新鲜、健康的蔬菜新品种。除了设施农业外，他们还开展畜禽养殖，利用地理环境的优势，养殖土鸡和土猪，产品很受欢迎。

截至 2019 年 12 月他们已有 5 个大棚，共计 10 亩地，全年不间断地种植，品种

图 4–1 生产基地图

数量达到 80~90 个，每亩地有 10 万元的收入。靠着良好的口碑，固定会员人数达到 100 多人，客户来源也从京津冀不断扩大到济南等地。王立新夫妇追求健康绿色的种植理念，并带动同村的种植户，改良本地设施蔬菜土壤，推广生物防治等有机生产方式。王立新的微信朋友圈截图见图 4–2。

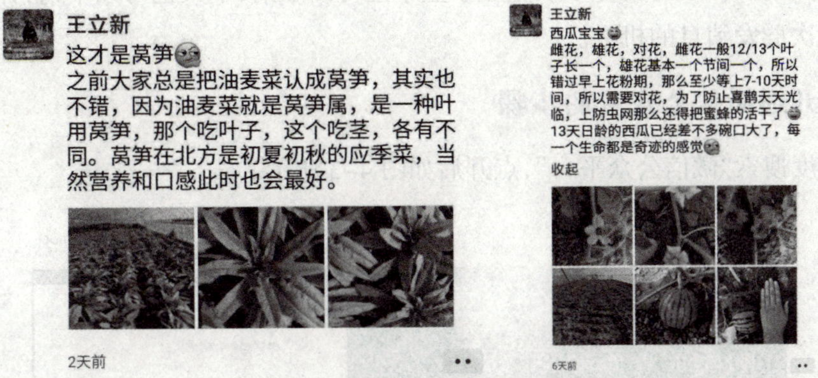

图 4–2 微信朋友圈营销

第四节 微信公众平台运营策略

微信公众平台是腾讯公司在微信的基础上新增的功能模块。那么微信平台如何申请？如何用微信公众号开展营销？本节将会逐一解答。

一、开通微信公众平台

微信公众平台分为两大类：服务号和订阅号。下面介绍一下服务号和订阅号的区别与开通方式。

1.服务号与订阅号的区别

服务号一般由企业申请，适合企业来服务一些老客户，体现企业服务的形象。

服务号自带管理平台和粉丝的菜单功能，认证之后，提供高级接口，用于服务和营销管理。服务号的群发消息次数规定是一个月 4 次，平均一周一次。服务号在通讯录里会被归类，粉丝在自己的微信列表中可以直接看到企业服务号推送的信息和次数。

订阅号是最普遍的微信公众号类型，为用户提供海量信息。订阅号与服务号最大的不同之处在于订阅号不仅企业事业单位可以申请，个人也可以申请，并且每天都有一次群发消息的机会。

2.开通微信公众号的步骤

百度搜索“微信公众平台”，点开后如图 4-3 所示。

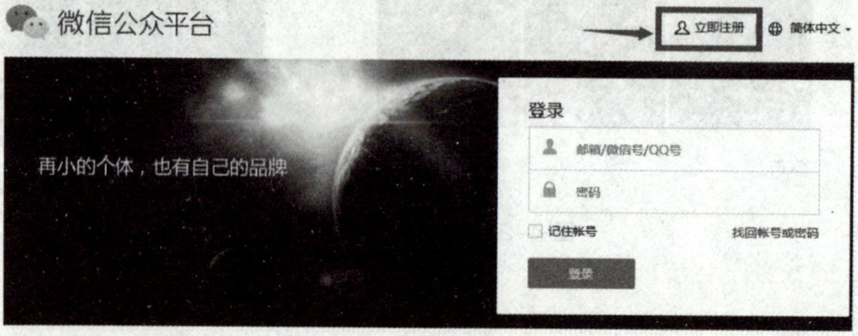

图 4-3　微信公众平台首页

点击右上角的“立即注册”（图 4-4），选择注册的类型。

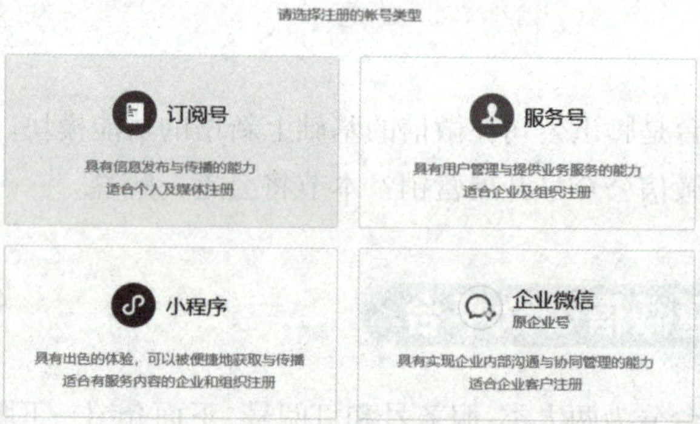

图 4-4　微信公众号注册页面

▶▶▶服务号开通的操作方式

第一步，企业要有一个注册过的邮箱。

第二步，打开微信公众平台官网，看到一个“再小的个体，也有自己的品牌”的星球界面。在右侧有一个登录和注册界面，点击“立即注册”，进入注册界面。

第三步，进入“立即注册”界面，在这里填写相关的邮箱和密码，然后点击“注册”。

第四步，点击“注册”之后，用户会收到“微信团队”发送的验证邮件，用户这时候需要到填写的邮箱中进行验证。

第五步，验证之后，选择注册账号类型，选择“服务号”。

第六步，选择好账号类型之后，再选择服务号运营的主题类型，有政府、媒体、企业和其他组织分类，如实填写各种信息。

第七步，选择填写公众号名称、功能介绍、运营所属城市等信息，然后点击“完成”即可。

第八步，等待腾讯微信平台的审核，通过之后即可使用。

▶▶▶订阅号开通的操作方式

第一步，准备好邮箱，验证邮箱。选择订阅号，进入订阅号创建模式。

第二步，进入订阅号信息录入界面，选择运营主体类型，一旦选择，不可更改。

第三步，根据运营主体类型，录入不同信息。如果选择“个人”，那么进入个人的信息录入。需要实名制注册，录入运营者身份信息、手机号码等，上传身份证图片，需要本人手持证件拍照上传。

第四步，信息录入后，点击“注册”，等待腾讯微信平台的审核，通过之后即可使用。

二、微信公众平台的功能模块

我们以订阅号为例介绍其功能。订阅号提供了“自动回复、自定义菜单、留言管理、投票管理、客服功能、页面模板、赞赏功能、原创管理、设置”等基本功能。此外，还有“消息管理、用户管理和素材管理”的管理功能，对用户、图文、消息等内容的统计分析功能。随着微信公众平台的不断升级，现在还可以添加小程序，开通微信支付功能。下面重点介绍几个功能模块。

1.设置

“设置”模块提供了“公众号设置、人员设置、微信认证、安全中心和违规记录”

等5个设置功能。

▶▶▶公众号设置

对公众号的名称、微信号、介绍、客服电话、所在地址、登录邮箱进行修改。

▶▶▶人员设置

修改管理员信息，绑定运营者微信号(可绑定24个)。

▶▶▶微信认证

通过第三方对账号进行主体验证，只有经过认证的账号，才能开通微信支付功能及插入小程序。

▶▶▶安全中心

对账号开启风险操作保护、风险操作提醒、风险操作记录。

▶▶▶违规记录

记录公众号的违规情况，运营者可随时查看，以便更清晰地了解账号违规情况及相关规则。如对违规记录存在异议，可通过站内信处罚通知的申诉入口进行申诉。

2.自定义菜单

了解了基本设置，还需要做的第二件事就是"自定义菜单"设置。自定义菜单即在公众号的会话页面底部按需设定菜单项，并可为其设置响应动作。用户通过点击菜单项，收到已设定的消息或者跳转到设定的链接(图4-5)。

▶▶▶具体步骤

●单击左侧的"功能"自定义菜单选项进行设置。

●添加一级菜单按钮。每个公众号只能添加3个一级菜单，菜单名称不多于4个汉字或8个字母。点击一级菜单，页面右侧出现相应的输入菜单名称的文本框。

●与此同时，会话页面一级菜单上方出现"+"，点击"+"可以添加子菜单名称，设置可触发的子菜单内容，包括发送消息、跳转网页、跳转小程序，可以按照页面提示进行相应操作。发送消息：可以发送文字、语音、图文、视频信息给用户。跳转到网页：添加网站链接，用户点击该菜单就能跳转到该链接的网站。

●点击“菜单排序”按钮，可以直接拖动子菜单进行重新排序。

●完成自定义菜单设置之后，先预览效果，弹出一个模拟手机效果的窗口。

●若效果没有问题，单击“发布”按钮便可完成。自定义菜单的更新会在发布 24 小时之后显示在用户手机端。

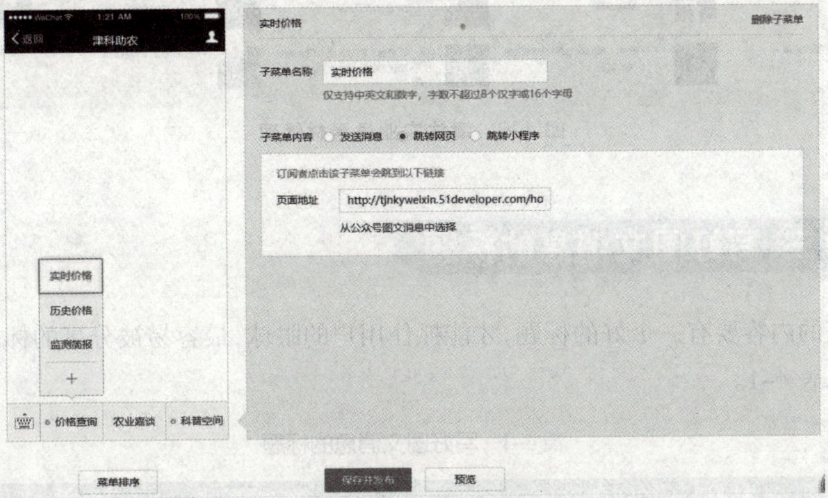

图 4–5　津沽农业通菜单修改

3.群发信息

当素材准备完之后，可以将素材发给关注用户，在群发之前最好检查一下素材是否正确，比如图文是否有错别字、图片是否对得上文章等，一旦群发成功，就不得修改，唯一的补救方法就是将素材删除，所以群发请谨慎。

点击“素材管理”—“新建图文素材”（图 4–6），按照格式，输入文章的标题、作者、来源、内容、插图、首页图等。还可以使用“秀米”提供的图文编辑器，对要发布的图文进行编辑。

图 4–6　津沽农业通素材管理

三、写好图文消息的标题

好的内容要有一个好的标题，才能抓住用户的眼球，最容易被分享的标题类型总结见表 4–1。

表 4–1　写好图文消息的标题

类型	关键词	举例
揭秘类	内部邮件、独家爆料、私密、揭秘	独家爆料：汶川甜樱桃最新长势，预计 5 月中上旬就将甜蜜上市！ 揭秘：贵州西部农产品正规吗？希望人们看到这篇文章会有帮助！
蹭名气	专家、权威机构（名企、名校、政府部门）、名人等	有机农产品安全吗？农业专家呼吁建立企业农产品可追溯体系 厉害了！网红大爷家业直逼马云，农产品滞销都是他的货？
举案例	带有案例性的字眼	"榨菜哥"的逆思维微信营销心得
排行榜	第一次、最全、最好、最强、十大等	新媒体营销需铭记的十大营销法则 史上最强大片年，想想都有点儿小激动！
推荐词汇	干货、强烈推荐、深度、前人经验等	干货：农产品营销 5 个模式、5 个技巧 重磅：6 个农产品拍卖模式——不好做源头，一切都是扯淡
悬念式	带有好奇和悬疑色彩	莲藕有"七孔藕"和"九孔藕"之分，是真的吗？ 迷你南瓜市场走俏，哪些种植模式效益高？
故事性	故事性标题要真实、质朴	优衣库：那些年傍晚 6 点，你在电视机前等谁？

（待续）

续表

类型	关键词	举例
情感式	针对当下人们的内心需求策划标题	母亲节 立顿:妈妈,这次换我"宠溺"你 兰蔻:妈妈,你不知道自己有多美
恐吓式	触目惊心的话语刺激用户	联想:站住,你们被通缉了!
促销式	促销要"狠"在字眼上	Vivo 手机:x5Pro 心动上市,0 元预购享好礼!

第五节 常见问题及解答

一、什么是新媒体

新媒体是一个相对的概念,在 20 世纪 30 年代前,当时的新媒体是电视、广播,10 年前的新媒体是新浪、搜狐、雅虎,3 年前的新媒体是微博,现在的新媒体是微信。没有最近的媒体,只有更新的媒体。

二、微信与微博的区别

微信与微博均为社交软件,但又有所区别。第一,微信是强关系,微博是弱关系,微博上的好友绝大多数是不认识的,微信上的好友是熟悉的朋友或是朋友的朋友,微信给人安全感、存在感和信任感;第二,微博具有很强的媒体属性,微信具有很强的沟通属性,微博本质上是浅交际、弱联系的渠道,微信本质上属于深交际、精传达及强联系的渠道,微信更像是一款沟通工具;第三,微博营销核心在于转发和@,微信营销核心在于朋友圈互动。

三、怎样设计公众号名称和图标

微信公众号名称要简单、直接、明了，比如用自己的名字或者别名、品牌名、产品名、公司名等。选择的图标要醒目，与公司、产品、品牌或个人有关系，可以用商标图标、公司标识等，更能让人记住，有利于塑造品牌形象。

四、什么时间在朋友圈推送广告信息

朋友圈信息推送时间很关键。参考朋友圈信息发布的黄金时间，在黄金时间推送消息，通常会被用户转发、分享，并增加粉丝数量。

五、打造个人信任口碑需要注意哪些细节

●展示自己的真实信息。让别人感觉你是真实存在的，而不是骗子。

●多和朋友沟通。多看朋友的微信、照片，多关注他们，多聊聊天，建立良好关系。

●打造自己的知名度。跟名人、大咖合影留念，并发布至社交媒体上。多分享一些自己写的文章、心得和感想，让别人觉得你挺有文采的。

●开一家淘宝店。对于那些不信任你的朋友，就可以通过这个小淘宝店，顺利地完成第一笔交易。

第五章

农产品电商直播新玩法

随着互联网的发展，网络直播已成为人们生活的一部分。2020 年 3 月，中国网民数量达 8.97 亿，其中网络直播用户达 5.6 亿。随着越来越多的网民加入直播平台，网络直播带来的收益也越来越高，影响范围也扩大到农产品上。通过电商直播平台卖农产品渐渐成为农户们的优选方式。那么如何通过直播平台把农产品卖出去呢？如何针对消费者需求定制直播内容和方式？农产品电商直播有何技巧？本章将结合案例教你学会直播卖农产品。

第一节 直播卖农产品为何如此流行

我们每个人或多或少都看过直播，看过的直播内容有游戏类的、生活类的、娱乐类的，还有通过直播卖商品的。为什么现在直播这么火、这么流行呢?最主要的是直播中的互动性和直播带来的收益。拿电商直播来说，与传统电商相比好处多多。

打开淘宝、天猫、京东等电商网站可以发现，大多数商品以图片、文字、短视频形式进行展示，用户唯一能判断商品效果的途径是图片形式的买家秀，但经过处理优化后的图片往往与实物存在不小的差异，这种信息的交流障碍造成了不必要的销售麻烦，短时间很难得到解决。

直播的出现改变了这一状况，直播为人们营造了一个由主播作为导购的消费场景，让用户拥有接近线下购物的参与感和体验感。通过导购主播的讲解，与粉丝进行互动，消费者对直播中的商品会有更细致、感性的认识，增加产品的真实性，让消费者感到商品质量是安全可靠的。直播中还会出现随手可点击的优惠券、红包和商品导购链接，让用户边看边买、边玩边买，无疑会增强他们的消费欲望，提高购买率。同时优秀的导购主播能通过自身专业的能力，获取大批忠实用户，形成黏性较高的消费圈，对后续销售和品牌推广具有极大的帮助。因此，电商直播除了更直观、更有吸引力的导购功能之外，也为用户带来了全新的购物体验。对于用户来说，电商直播正在变成一种更愉悦、更便捷的购物和生活方式。

农产品是最适合直播的商品，直播让农产品实现了增值，也让消费者吃得放心、买得安心。为什么这么说呢?

●食品安全问题让大多数消费者对农产品的源头环节很感兴趣，比如枸杞是怎么采摘下来的、小龙虾是怎么清洗的、海参是怎么捕捞的、苹果是否喷药等，通过直播将农产品的生长环境、采摘过程、清洗过程等各个环节进行真实的展示，让消费者实实在在地看到自己吃到嘴里的东西到底是怎么来的，消除消费者的疑虑，增加消费者的购买信心。

●在线直播过程可以极大地提高销售效率,降低销售成本,这是直播最大的优势。直播是在传统电商的基础上加入了社交属性,消费者可以看到农产品生产或制作的全过程。并且直播可以实现一对多的咨询,提高咨询效率。

●现在流行团购,团什么东西,一定是吃的最容易成团了,农产品是最适合团购的商品,也是最适合直播的商品。农产品购买具有跟风效应,一看苹果这么好,这么快一棵树又被抢没了,那得赶紧下单抢购。所以这样在做移动直播的时候,不用力度很大的促销活动就可以把团购搞起来。

●在线直播环节是一个非常出色的农产品增值过程。农产品电商的增值是一个比较大的问题,而在线直播过程却能很好地解决这一问题。比如说麻辣小龙虾,为什么我卖得比别人贵,我真的是清洗 6 遍,我真的是去虾尾,我真的是……我让你看到整个制作过程,并且更为关键的是,你购买的就是你现在看到的这一锅小龙虾。你看到就是你真实买到的,甚至可以做到现场下订单,现场做。

●农产品直播对主播的要求远低于其他商品。一般来说,直播对主播的要求是比较高的,比如服饰搭配、美妆的主播,要求高颜值;其他类型的直播要求形象、口才、专业技能,比如作为一个健身的主播要懂得相关的健身专业知识。卖农产品的主播多数为农民,不需要高颜值的美女、帅哥,也不要具备多么深的专业知识和技能,不需要过度包装,自然即可。

直播的这些优势吸引了更多的人通过直播来销售农产品,农产品电商直播逐渐成为电商销售模式的流行和热点。

第二节　电商直播前的准备

直播似乎与电商具有天然的融合性。明星柳岩在淘宝视频直播卖零食,一天完成 6 万单转化;明星吴尊直播卖奶粉,1 小时成交 120 万,单品转化率高达 36%;村红直播抓土鸡,开播前数秒,土鸡蛋成交量高达 4 万枚。不管是明星、网红还是知名度不高的村红,只要拿起手机,做起直播,仔细策划就能轻轻松松卖出“好成绩”!

电商直播是不是直接打开手机就可以销量翻番呢?当然不是,直播前必须经过精心策划与设计、关注细节、进行宣传与推广等,有很多事情需要做。

一、内容策划

电商直播的主要目的是将农产品卖出去，直播的内容也就必须围绕如何卖农产品进行。一般来说,农产品电商直播的主要内容可以分成四类。

一是农产品种植或养殖的自然环境。可以将农产品的生长环境给大家直播出来,地理位置、空气质量,要让大家看到农产品生长的自然环境是良好的,农产品是值得购买的。

二是种植、喂养方法。可以让大家看到农产品是怎么种植的,家禽(畜)是怎么喂养的,使用的肥料或喂养的饲料是从大自然中提取的,是天然的、无害的。

三是加工过程。如果农产品是经过二次加工的,那么可以全程直播加工过程,总之要将农产品的绿色、无污染、有机纯天然等优点给大家展示出来,让大家放心吃、放心买。

四是可以将客户购买的过程直播出来,包括客户购买后好的反馈等内容。直播卖农产品,口碑是非常重要的,所以要想做好,就必须把好农产品的质量关,同时相关售后服务也不能落下,只有这样才能真正把农产品的牌子打响、做好。

二、直播内容表格化

在每次直播之前,将直播内容做成一个表格,规定什么时间段做什么、什么时间段展示商品、什么时间段回答观众的问题。将直播过程表格化,可以提高直播现场的效率,有利于掌控直播过程。直播内容表格化一般分为 4 个小段(图 5-1)。

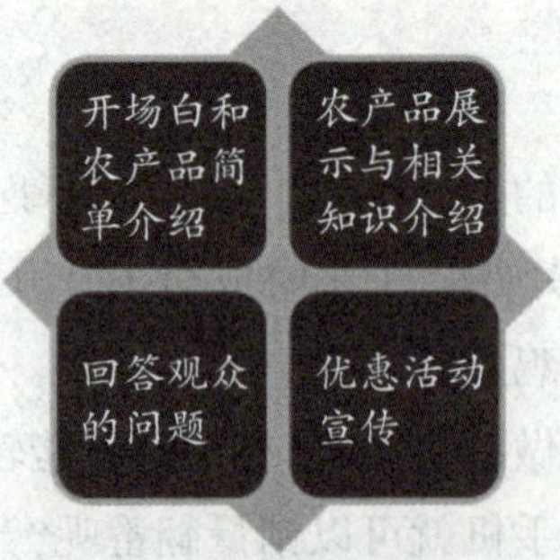

图 5-1 直播内容表格化

1.开场白和农产品简单介绍

把自己想象成一名导购员,把观看直播的人当成客户。在直播刚开始的时候,要先与客户打招呼,然后通过聊天拉近彼此的关系,但时间不宜过长。随后直奔主题,根据具体情况,可以介绍直播地点(×××镇×××村×××园区或基地),或者在直播间直接介绍农产品的来源、特点等。

2.农产品展示与相关知识介绍

根据农产品的特点,选择要直播的内容。可以展示农产品的种养殖环境,突出原生态、有机的种养方式,比如散养鸡的养殖场地展示,现场抓鸡的活动;水果和蔬菜种植基地的展示,主播现场摘蔬果,试吃。还可以介绍农产品的制作过程和挑选技巧等相关科普知识,如小龙虾的现场制作、枸杞的挑选技巧。总之,抓住观众对健康安全食品追求的心理,设计内容展示。

3.回答观众的问题

设置观众互动环节,让观众自由提问,然后对观众的问题一一进行回答。如果问题很多,可以挑重点的问题回答,或者挑多数观众关心的问题回答。

4.优惠活动宣传

在直播结尾处,提示观众有优惠活动,比如现在下单的话,就可以享受满100减20的活动、享受九折优惠等,以此促使观众购买农产品。

通过4个小段内容的思考,可以明确整个直播的流程,使主播在直播的时候方向明确,合理推进直播流程。如果出现突发状况,也不至于手忙脚乱,可以及时处理。

三、电商直播前需要彩排

电商直播不同于以往的网络娱乐直播,电商直播的核心是卖农产品。为了确保直播时一切能正常进行,在电商直播之前往往提前彩排,防止在直播过程中出现差错。电商直播如果有彩排,会更加顺利。直播彩排的内容一般是如何介绍商品、如何回答观众对产品的问题,设计一些互动环节,通过多方面的互动增加人气。彩排需要注意以下几个问题。

1.彩排需要留出充足的时间

彩排像综艺节目彩排一样，提前确定时间，留出充足的时间来彩排，在彩排中发现问题和不足，找到如何解决问题的方案。

2.彩排要随时思考

彩排的时候要随时思考，比如这个地点和时间介绍农产品会不会使观众厌烦，这个时候制作食品时间会不会不够用等。经常思考找出问题才是彩排的意义。

3.正视彩排的重要性

像正式直播一样进行彩排，认真对待彩排，才会发现问题，不枉费后勤人员的辛苦付出。

第三节　如何开通淘宝直播

寻找一个实力强劲的平台来做直播，而不是盲目跟风直播，看哪个平台火爆就去哪个平台，频繁地跳平台会造成粉丝的大量流失。除此之外，选择用户流量大的电商直播平台，流量大意味着观看直播的用户量大，成交概率更大。农产品直播首选淘宝直播平台，因为淘宝直播平台背后有阿里巴巴的资金和技术作为支持，实力强劲，客户流量更是稳居各大电商平台之首。那么淘宝直播前需要做哪些准备？如何开通淘宝直播？

一、直播前准备

1.手机发布直播

需要准备一部手机，有条件的话准备一部专用手机，或者直播时将手机调成飞行模式。

隔音效果良好的单独房间。

主播专用的圆圈直播灯(淘宝网上购买)、大灯一个(哪里不亮打哪里)。

2.发布直播前准备

确保稳定的 WiFi 或 4G 网络。

下载或更新到最新版本的手机淘宝。

手机设定中允许淘宝主播 App 试用麦克风。

条件允许下加配补光灯及防抖效果,以保证直播质量达到最佳效果。

3.下载淘宝主播 App

安卓系统手机用户通过“应用商店”搜索“淘宝主播”,苹果手机用户在“App store”中搜索“淘宝主播”,即可下载软件(图 5-2)。

图 5-2 淘宝主播

4.淘宝主播入驻

开通直播权限,打开淘宝主播 App,点击“主播入驻”,完成实名认证,点击“同意协议”,入驻成功(图 5-3)。

图 5-3 淘宝主播入驻

二、发起直播的流程

第一步，创建预告。按照创建的要求，将直播需要的要素如标题、图片、视频等资料一一填上。

第二步，点击预报，调整画面，做好直播设置。

第三步，开始直播，关注数据。

淘宝主播 App 上有直播攻略、直播互动技巧等各种知识，为大家提供直播帮助（图 5-4 和图 5-5）。

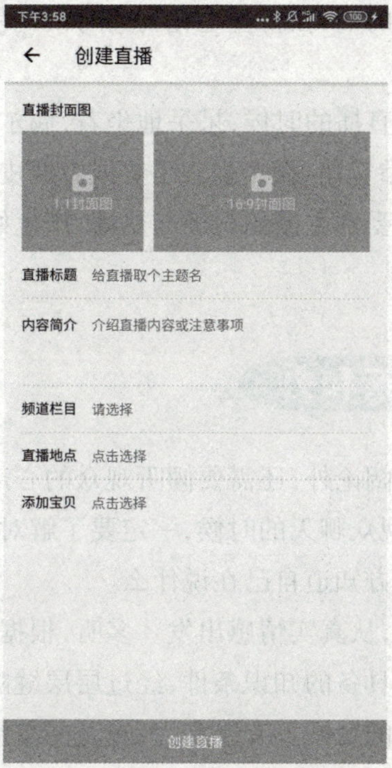

图 5-4 淘宝直播

图 5-5 淘宝直播攻略

第四节 与粉丝互动的直播技巧

许多主播在直播的时候经常因为互动少，造成冷场。那么哪些方法可以让主播与观众更好地互动、活跃直播间的气氛呢？

一、语言幽默，动作丰富

语言的魅力是无穷的。主播平时应多积累些段子和笑话，在直播时自然地脱口而出，观众会觉得主播是一个有趣的人，看直播很轻松，不会把直播当成是一个完全卖产品的过程，不会产生厌烦的心理，当直播间的气氛调动起来之后，观众自然会与主播积极互动。直播时主播还要多说感谢的话，在粉丝送礼物的时候，要向送礼物的粉丝说谢谢，表示尊重。

直播时主播动作要形象丰富。很多主播在直播的时候，呆呆地坐着，偶尔尬聊几句，动作僵硬，表情不够丰富。直播时主播握拳卖萌、做个爱心手势或者调皮地吐吐舌头，不要小看这些细节，它们会使粉丝们感受到主播的积极与热情，产生好感，带动打赏和消费。

二、态度上要真诚、有耐心、有亲和力

主播学会倾听观众的心声。主播除了高谈阔论外，还需要倾听观众的心声，听听他们需要什么，希望主播做什么。主播在与观众聊天的时候，一定要了解对方在说什么，他们的真正意图是什么，同时也要让对方知道自己在说什么。

主播与观众交流的时候要保持真诚的态度，从真实情感出发。多听，根据观众说话的语气、内容，包括观众所处的年龄段和所具备的知识条件，经过层层缝隙、反复琢磨，做到听懂对方说的话，温和地解答观众的疑问。有亲和力、真诚的主播，观众更愿意相信你，也相信你的产品。不能与观众模棱两可地沟通，万一说错话，可能会引起观众反感，造成粉丝流失。

举个真实的例子，5 月正值樱桃上市，恰巧看到一个男主播在樱桃林里直播卖樱桃，有一个观众留言："你卖的樱桃有点贵"。这个男主播看到留言，吃了一个樱桃，用力地朝地上吐出樱桃核，然后很生气地说："这樱桃还贵！嫌贵别买，买便宜的去，去买馒头，馒头便宜……"作为主播应该耐心解释为什么樱桃是这个价格，摆出理由，让观众信服。其次，直播吃樱桃没错，目的应该是让观众觉得樱桃好吃，但主播吃樱桃的动作让人感觉他很没礼貌。没礼貌的语言、动作，必然会失去很多粉丝，失去客户。

三、精心布置直播间，合理使用音乐

除了主播自身态度端正、幽默的语言和丰富的动作之外，还可以通过精心布置直播间，播放恰当的音乐，来调动气氛。干净、整洁是所有直播间必须做到的。农产品电商直播更应该做到这一点，因为农产品是入口的东西，观众最在意食用的安全

性。现在很多农产品直播间设在田间地头、市场的水果销售摊位、制作工厂等，无论在哪儿，都要收拾干净，不能有垃圾，物品要摆放整齐，尤其是食品加工的直播，让观众看到混乱、不卫生、不干净，谁还会买呢？

一般秀场主播在直播的时候，都会放一些背景音乐来调动气氛。电商直播中也可以应用，但不能喧宾夺主。根据场景选择合适的音乐，如果拿不准放什么音乐，不如不放，以免适得其反。

四、可以谈一些见闻和体验

提前准备的台词都用光了，没话说了该怎么办？如果没有话题的时候，主播可以谈一下自己的人生见闻、经历，或是生活中偶尔发生的小插曲，谈谈自己的体验、心得，拉近与粉丝之间的距离，比如最近去哪儿旅游了，或者吃到什么美食了，遇见什么好玩的事了，都可以跟观众聊聊。

还可以从共同话题入手。主播介绍完产品之后，可以与观众谈一些产品的细节，对产品的意见，比如卖杧果，可以说说杧果适合什么季节吃、杧果都有什么种类、杧果的吃法、自己制作杧果布丁的经历等。这些都可以让观众与主播产生共同话题，从而拉近距离。

五、用智慧巧妙化解负面评价

正如其他直播一样，电商直播的时候，也会出现一些“价格贵”“质量堪忧”等一些负面评价，有的主播看到这些评价会激动起来，说一些过激的言语，这对主播是不利的。那么主播应该如何化解这些负面评价呢？主播应该记住三点：切勿本能回复、就事论事、提前准备。

1.切勿本能回复

在回复任何负面评价的时候，主播应该考虑事情的严重性，根据情况做判断，不能率性而为。比如上文提到卖樱桃的主播，不能直接甩脸子生气，这样影响自身形象，影响客户的信任度。

2.就事论事

比如有人说樱桃价格贵，作为主播不能直接说“价格贵，就不要买，没人让你买”等话语，一定要就事论事，可以问观众为什么觉得价格贵。淘宝上一个卖榴梿的直播，观众说：“你这个榴梿比超市的贵多了，超市才 33.6 元 1 千克”。主播平静地回复说：“我这个是泰国金枕榴梿，33.6 元不够成本价，还要加上人工费、运输费、损耗费”。这样一解释，观众会觉得主播说的有道理，一是金枕榴梿跟超市的品种不一样，二是除了进货成本外还有各种费用包含在里面。

3.提前准备

比如价格贵、质量问题、环境问题、制作工艺等，作为主播应该提前做好心理准备，想好原因，做好解释工作。

第五节　电商直播的营销方法

一、推广和引流

推广和引流是电商直播的主要变现途径。什么是推广和引流呢？简单来说，就是利用各种渠道和推广方式将其他平台的客户吸引到自己的直播平台或者店铺中的过程。推广和引流有很多方法，最常用的就是通过网络平台发布一些广告来推广和引流观众。目前有 3 种途径：百度、腾讯和新浪微博。

1.百度的推广和引流

百度作为全球最大的中文搜索引擎，拥有数以亿计的用户，因此在百度上推广优势明显。百度体系的推广和引流主要有 3 种方式。

▶▶▶百度贴吧、百度百科、百度文库引流

百度贴吧、百度百科、百度文库因为免费，广受青睐。百度贴吧隶属百度，但确是独立品牌。贴吧是一种网络社区，百度贴吧是全球最大的中文网络社区。利用百度贴吧引流，主要通过帖子去吸引路人，从而将这些路人转化为视频直播用户。在编写帖子的时候有几个技巧，见表 5-1。

表 5-1 百度贴吧引流的技巧

准确定位，找准方向	标题新颖，直击要点	挑选合适的贴吧
对吧友进行定位 微调查吧友的真正需求 不允许重复发帖 以图片形式发送帖子	标题要直白，明确目的 介绍直播的特色 解读话题的角度新颖、有趣味性	挑选与自己直播有关的贴吧 贴吧有一定的知名度 时常更新维护

百度文库和百度百科是通过文章介绍主播或直播平台来吸引路人的。在百度文库和百度百科上发布文档，无论是帖子还是文档，作为直播平台的运营者必须目标清晰、定位准确，才能在文章的写作上收放自如，让看客们看一眼就被吸引，最大限度地提高引流效率。

▶▶▶百度竞价

商家利用百度推广进行付费推广。百度覆盖了 95%的网民，百度推广每天有 60 亿次的搜索量，如果推广到首页，将会有更多的人看到和信任你。百度搜索推广是一种需求式的广告，如果一个用户去百度推广搜索你的平台，那么这个用户往往就是对这个直播平台感兴趣才来的。百度竞价推广首先要选择正规的推广公司，然后仔细斟酌挑选关键词，创意化介绍直播平台特色。

▶▶▶借百度开放性平台为电商直播汇聚人气

百度知道是电商直播平台推广和引流的有效途径之一。百度知道里有大量的用户在提问题，因此拥有很大的流量。在推广和引流时，要注意自己经营的电商直播平台的关键内容，根据目标服务人群，提出问题或回答问题，吸引用户。如卖车厘子，就可以用“车厘子在某店有销售吗”来提问，其中某店就是电商的店名；如果有人询问车厘子哪里卖，就可以用电商直播平台的链接来回答。

2.腾讯的推广和引流

腾讯的两大社交软件 QQ 和微信拥有一批庞大而又忠诚的粉丝。对于直播引流来说,利用 QQ 群、QQ 空间和微信来推广和引流,效果不容小觑。

▶▶▶QQ 推广和引流的做法

在 QQ 空间中,寻找与视频直播有关的文章,文章最好有趣味性和代表性,每天转载分享到空间,这样有利于将好友转化为直播用户。这需要长期坚持,短期效果不明显,长期坚持下来才能收获流量。还有利用 QQ 群,找到与直播平台相关的 QQ 群,成为其中一员,利用群文件宣传自己的直播平台,写一篇与直播相关的宣传文章,可以以小故事开头,用幽默风趣的语言,吸引人来阅读,在结尾处留下自己的 QQ 号等联系方式。

▶▶▶微信推广和引流的做法

微信的活跃用户 2019 年达到每月 11 亿人次。微信融入到了大众的生活之中。可以利用微信公众号、朋友圈和微信群来引流。微信公众号引流的具体做法是先申请一个微信号,然后创建微信公众号,用公众号做一系列的宣传活动,如软文推送、日志分享、与用户实时互动等。全方位展示平台特色,吸引用户,引来流量。具体做法可以参考本书第四章内容。

3.新浪微博的推广和引流

新浪微博是一个社交软件,用户可以随时随地发布消息、分享心情,还能关注明星大咖,及时了解他们的动态。2019 年新浪微博的日活跃用户 2 亿多。可以说,新浪微博是国内最火的网络社交平台之一。新浪微博信息传递效果强,话题更容易引发探讨,可以使直播平台信息迅速传播。那么如何引流呢?

首先,申请账号,并取名。微博的取名大有学问。如果主播个人在微博中有很多的熟人资源,应该直接用自己的直播名,这样容易让熟人朋友查找并关注你,在简介中放上所要推广的平台信息。如果主播个人没有那么多的熟人资源,这个时候可以用一个与所要推广的平台内容相关的微博昵称,或者直接用直播平台的名称。

其次,微博引流中有效利用热门话题。热门话题有很多的参与者,参与者都是直播平台的潜在用户。根据这些热门话题,主播还可以找到视频直播的内容创作方向。

第三，在微博中开展有奖竞猜、比赛、打折等多种活动来提高知名度，吸引用户。

二、福利营销

电商直播中，经常有主播向观众派发优惠券、小礼物当作观看直播的奖励，这就是营销的一种方式。利用发放福利的方式来吸引消费者购物，就称为福利营销。电商直播有哪些可以选择的福利营销方式呢？

1.以产品为核心派送福利

▶▶▶优惠券

优惠券没有成本，发放的对象是直播间的观众，精准投放，观众在直播和优惠券的双重诱惑下更容易激发购买欲望。

▶▶▶买一赠一

我们在食品店或超市里，经常能看见买一赠一的活动，这种促销手段同样可以用在直播里。卖杧果的直播间里，主播介绍完杧果之后，屏幕上用巨大标题写着“今日买一斤送一斤”，店铺里的杧果销售量立刻翻番。“28 元买一斤送一斤”和“直接打五折”看似价格一样，但对于卖家来说却大大不同。买一斤送一斤能直接增加销量，而五折活动只能一斤一斤地卖。买一赠一的促销活动不一定指买原样商品赠原样商品，还可以买一盒茶叶赠一个杯子。关键在于以“赠”吸引消费者的注意力。

▶▶▶神秘大礼

关注微信公众号就送礼、关注微信公众号可以打折、先关注再下单有优惠，这些都是电商主播常用的引流方法。对于消费者来说，收藏关注以后，日后更方便搜索到购物页面，方便快捷，还能第一时间收到卖家的新商品介绍和优惠促销活动通知。对于卖家来说，微信公众号关注的人越多，自己的生意越好。关注有礼中的礼通常都是优惠券、虚拟货币或流量。

2.以节日为契机发放福利

商家利用节日进行促销活动，这就是纪念式的节日促销。节日促销一直都是一种非常有效的促销方式，具有反常规性、集中性和暴发性的特点。电商直播与节日结合起来，能在短期内造成轰动效应，吸引大批的流量，比如在情人节、母亲节、圣诞节、春节等节日期间，各大电商平台都有集中促销活动。最近几年非常火爆的淘宝“双十一”“双十二”，京东“618”，都是电商平台创造出来的购物狂欢节。如何利用节日来搞短期促销呢？

促销活动必须要有针对性，直播时要以产品特性为核心，并结合节日的性质，实现有效促销。如在春节来临之际，走亲访友的人多起来，电商直播时，可以以礼品水果为卖点，同时结合春节贴对联、福字的习俗，向消费者宣传“买礼品水果送福字、送对联”，促使他们消费。再比如中秋节买酒送月饼等。

一年有 100 多个节假日，可以做一个节假日日历放在桌上，把每个节日提前圈好。因为每年有将近 1/3 的时间都是节日，把促销活动和节日搭配等于站在消费者的立场给花钱找理由。结合自己的产品，选择最佳的促销时机，避免被各种活动霸屏，重大的节日提前做促销，不要活动当天做。如果你想要给消费者最佳的体验，就不要赶在快递高峰期做促销。

节日营销的主题方式要新颖，吸引足够多的消费者参与。比如要多举办一些优惠的活动，可以是打折、满减、抽奖、送小礼品等方式，活动内容越精彩越能吸引消费者。

三、直播与卖货无缝对接

电商直播就是在直播的过程给商品打广告，把直播观众当成客户。直播过程中如何实现直播与卖货的无缝对接呢？

随着直播平台的火爆，许多人开始踏入直播行业，而一些人因为有了一定的粉丝积累，为了扩大利益，会选择开淘宝店。这样主播可以直接在直播中宣传自己的产品和店铺。对于没有淘宝店的主播，可以与淘宝店合作，找一家供应商合作，主播负责宣传店铺和产品，其他工作并不参与，像售前售后、发货和仓储都是由供应商负责。主播和供应商之间会有一个协议，包括分成、利润，相当于代销模式。

直播中最直接与购物对接的方式就是将微信号插入直播场景中:"今天的直播就到这里了,如果有人对我的直播内容感兴趣,有什么问题想要问我,或者想购买我网店里的东西,请关注屏幕下方的微信号,欢迎各位前来提问题和购买商品。"某直播平台的主播通过这样的方式引导观众关注其微信,并去网店购买商品。还有的主播一边介绍商品,一边在直播画面的角落里打上二维码,然后提醒观众扫码购买。利用二维码来引导客户消费,为微店或淘宝店引流不少,店铺的人气越来越高。在直播过程中隐性展示微信二维码或结尾公布微信号,让观众带着购物的心态去观看微信上的内容。

第六节　常见问题及解答

一、直播平台都有哪些

热门的直播平台有斗鱼直播、虎牙直播、哔哩哔哩、YY 直播、映客直播、触手直播、花椒直播、企鹅电竞、一直播、酷狗直播等。

二、直播时如何增加用户黏性

无论是直播还是微商都需要增加用户黏性，因为直播和微商最终的目的都是通过平台进行电商交易。提高用户黏性的两个重要手段是高频和刚需,要让观众对主播产生依赖性。具体方法如下。

一是着眼强需求,提供有价值的直播内容,促进观众消费。最开始直播的时候,要明确方向,直播卖什么、最大的特点是什么、哪些人特别需要等。比如卖新奇特的蔬菜,消费者不了解这些蔬菜的营养价值,不知道怎么做、怎么吃,直播的时候就要把这些内容加进去。

二是提供商品价值,提高销量。做农产品电商直播时,在满足消费者主要需求后，可以适当拓宽产品种类。比如卖蔬菜种子的同时，可以卖蔬菜种子磨成的粉，有些蔬菜种子是有保健作用的，芹菜籽粉有降压作用，苦瓜籽粉有降糖作用，这样既提高了产品附加值，又能满足消费者的需求，吸引他们购买，提高用户黏性。

三是建立微信群、QQ 群，打造圈子。通过这些社交软件，将具有共同兴趣的人集聚在一起，交流话题，增强社交关系，黏住用户。

三、如何提高用户的复购率

一是产品质量要好。通过直播或者微商购买农产品的用户都是看重你卖的产品质量好、味道好、无公害或者有机，不然大家都去农贸市场买了，所以要想用户再次购买，农产品必须在品相、味道、安全上过关，达到用户对产品的期望值。

二是服务要到位。服务周到，用户购买东西时才会身心舒畅，愿意掏钱买产品。所谓服务是指从进入直播间到收到商品再到评价，这一系列过程所涉及的服务都要到位。

三是主播要对产品有足够的了解。如果电商主播对产品一知半解，对观众直播了半天，也没有讲到观众真正的关注点，就算商品质量再好，也不能吸引观众购买。所以主播在直播时，要迎合观众需求，抓住观众心理，切入要害，这样客流量就会大大增加。

四、淘宝直播怎么进入

进入淘宝 App，在搜索框内输入“直播”，出现淘宝直播专区页面，点击想看的直播，即进入直播间（图 5-6）。

图 5–6　进入淘宝直播的步骤

五、如何观看直播界面

直播界面上方，可以点击关注，下次登录淘宝如果主播在直播就会有提醒。可以领取亲密度，可以看到有多少人同时在看直播，点击头像还可以进入主页。画面中间为主播和背景，基本上都是围绕卖的产品展开的。

直播界面下可以看到谁关注了主播、主播的公告，还有本次直播的产品链接，可以发送文字聊天，点击右侧箭头可以分享直播给好友(图 5–7)。

图 5–7　直播界面

第六章

农村电商物流的选择

物流是农村电商的重要组成部分。农产品物流与一般的商品物流不同，对物流设施的要求特别高。作为农产品电商经营者，在保证农产品质量、降低物流成本的前提下，如何选择物流渠道，及时快速地将农产品配送到消费者手中，这是做电商之前必须要考虑的问题。

第一节　农产品对物流的独特需求

一、何谓农产品物流

物流的概念最早是在美国形成的，起源于20世纪30年代，原意为“实物分配”或“货物配送”。1963年日本引入，日文意思是“物的流通”。20世纪70年代后，日本的“物流”一词逐渐取代了“物的流通”。中国的“物流”一词是从日文资料引进来的外来词，源于日文资料中对“Logistics”一词的翻译“物流”。

中国的物流术语标准将物流定义为：物流是物品从供应地向接收地的实体流动过程中，根据实际需要，将运输、存储、装卸搬运、包装、流通加工、配送、信息处理等功能有机结合起来实现用户要求的过程。按照定义，物流有七大构成部分：物体的运输、储存、包装、装卸搬运、流通加工、配送，以及相关的物流信息处理等环节。物流服务内容主要包括用户服务、需求预测、订单处理、配送、存货控制、运输、仓库管理、工厂和仓库的布局与选址、装卸搬运、采购、包装、物流信息等。

农产品物流是以农业产出物为对象，通过农产品产后加工、包装、储存、运输和配送等物流环节，做到农产品保值增值，最终送到消费者手中。

农产品物流的主要特点如下。

●体量大，品种多。

●对物流水平的要求高。一是由于农产品与工业品不同，它是有生命的动物性与植物性产品，所以农产品的物流特别要求“绿色物流”，在物流过程中做到不污染、不变质；二是由于农产品价格较低，一定要做到低成本运行；三是由于农产品流通涉及保证与提高农民的收入。因此，在物流过程中，一定要做到服务增值，即农产品加工转化、农产品加工配送。

●物流难度大。一是包装难，二是运输难，三是仓储难。虽然我国农产品物流活动出现得比较早，但无论是在农产品物流理论研究上还是在实际操作上，我国农产品物流的发展都很缓慢。

二、农产品对物流的独特需求

1.鲜活农产品电商对冷链物流的需求

农产品中水果、蔬菜、肉类、水产品等种类都可算得上是鲜活农产品。鲜活农产品收益好、价格高，其销售在农村电商中不可或缺。但同时其“鲜”“活”的特性增加了物流难度，对冷链物流产生了特殊要求。鲜活农产品易损坏、变质，若要保证“优质优价”，在进行产品运输时，需要使用冷链运输技术，保证农产品新鲜度。

2.降低农产品物流成本对智慧物流的需求

相比其他行业，农产品物流对降低成本的要求更为独特和迫切。农产品尤其是小麦、稻谷等大宗农产品普遍销售价格较低，收益相对较小。在农村电商的背景下，线上交易往往意味着更大的竞争、更低的价格，经营者的收益更加依靠减少流通环节的交易成本，即降低物流成本。目前流通成本体现在两个方面：一方面是农产品在仓储过程中产生的中间成本；另一方面是农产品在运输过程中产生的产品损耗和运输费用。对传统的仓储和物流而言，降低成本难度较大，而选择智慧物流则是有效的整体解决方案。智慧物流的全程自动化、流程化操作理念，在节约人工成本的基础上，优化并提高了物流效率，是未来降低物流成本的有效方式。

3.“最后一公里”对物流网络的需求

我国农业涉及的主要地域是农村，而农村受地理、经济发展水平等条件的制约，交通设施配套较差，物流服务业相对落后。长期以来，相对落后的物流水平成为制约农村电商发展的主要障碍，这也就是所谓的“最后一公里”问题。在农村电商经营者对物流网络都有着极大需求。有些农村地区偏远，产出的产品无法及时通过物流运出，在增加产品损耗的同时，产品质量有所折扣，消费者快捷消费的体验也得不到满足。因此，农村电商亟须物流网络布局，在提升交通的基础上，增加快递、物流基层网点，以保证商品的运输和配送效率。

第二节　如何选择便捷实惠的物流渠道

不同行业的产品在发展电子商务的过程中选择的模式和侧重点往往不同。农业发展电子商务应该结合行业的特点，不断探索适合我国农业特点的模式，进而发挥农业的优势。目前探索较为合适的模式为第三方服务模式，这种模式保证了供求关系的稳定，求购者及时发布需求，而涉农企业能够按照需求对产品进行加工生产，提高了资源的利用率，大大降低了企业生产中的风险。

一、主要电商物流模式介绍

1.“传统实体店配送”模式

该模式以具备一定实力或拥有农产品品牌的农产品实体店为中心，以店铺配送范围内的顾客为重点，通过建立线上线下交易结合的电商销售模式，由实体店进行物流配送，实现产品与消费者的对接。在此基础上，吸引线上消费者进入线下实体店中，增加实体店的客流量，带动实体店发展的配送模式。这种模式适用于具有一定规模的实体农产品销售企业或致力于打造品牌农产品的农业经营主体，经营者多有自有田块，保证农产品供货，在城镇有自己的实体店，利用自有物流配送渠道，实现电商交易。例如北京稻香村等名优品牌，便有自己的配送中心和配送网点。

2.“B2C+第三方物流”模式

该模式主要在线上进行产品交易，之后依靠优质的第三方物流企业实现产品的物流配送。第三方物流是指一个具有实质性资产的企业公司对其他公司提供运输、仓储、存货管理、订单管理、资讯整合及附加价值等相关物流服务。对农村电商而言，第三方物流在冷链技术、仓储运输等方面具有较大优势。优秀的第三方物流能够在保障大宗、生鲜农产品优质供应的同时，直接提高消费者的购物体验。这种模式适用于规模大、具备一定优势的合作社、农业企业，或者经由“一村一品”、电商扶贫等模式发展起来的新型电商经营主体。

3."自营物流"模式

该模式依靠丰富的物流配送网点,依靠自有物流体系,根据订单或B2C交易,完成仓储配送。这种模式适用于大型物流企业或拥有大型物流能力、网点全、物流覆盖范围广的经营者。例如京东生鲜便借助了京东物流的网点优势、冷链技术及完善的配送体系,实现了一定范围内的"一小时送达";再如顺丰优选,是顺丰速运旗下面向全球提供优质农产品的线上商城,也是借助了顺丰速运的优势,依靠B2C模式,逐渐实现产地到销地的全程冷链仓储与运输。

二、便捷实惠的物流渠道选择攻略

1.选择物流渠道需考虑的因素

▶▶▶便捷性

便捷意味着高效。对农产品电商经营者而言,产品质量最直接体现在是否新鲜,消费者也乐于有一个快速的购物体验,因此,选择物流渠道首先应该考虑渠道对产品交易双方而言是方便的、快捷的,在保证农产品品质的同时,提高消费者的购物体验。

▶▶▶低成本

低成本通俗来讲就是实惠,低物流费用换来的是利润的提高。以快递为例,申通、圆通等快递价格要低于顺丰。但需要注意的是,在选择低成本解决方案时,一定要在安全性和质量为保证的前提下进行选择。

▶▶▶选适合自己的

所有物流渠道的选择均是建立在自己所经营农产品特性的基础上。

2.选择物流渠道的几种方法

▶▶▶一揽子托付

选择有物流实力的平台或第三方物流。对于小经营者来讲，选择京东、淘宝、苏宁等大型电子商务平台运营商，利用平台方或平台方签约的第三方物流企业，或者直接与顺丰等实力强劲的第三方物流签约进行农产品物流仓储运输，这是一种相对实用、便捷的选择方式。

▶▶▶对“品”下药

选择针对性强的、适合自己产品的专业物流渠道。对于手工艺农产品、水产品等易损坏的特殊商品，或者“一村一品”式经营的农村电商经营者，可以针对自己产品的特点，选择特定的专业物流渠道，可以满足自己商品不受损失的要求，保证产品质量。

▶▶▶自有+第三方相结合

对于有一定配送能力的经营者，可以选择自主配送和第三方物流相结合的方式。对于具有一定实力的合作社、龙头企业，自有一定覆盖范围的商品配送能力和一定量的货物存储能力，便可以选择范围内自主存储配送、距离远与第三方签约完成物流配送的方式，在一定程度上实现节约成本、兼顾提高效率。

第三节 电商巨头的物流布局

近年来京东、菜鸟、苏宁等第三方物流企业都在积极布局农村电商。目前京东的“先锋站计划”“京东帮”服务，阿里巴巴的菜鸟物流快递入户行动，苏宁的冷链物流布局等行动，大大提高了农村电商基层物流网点密度，为农村电商的开展提供了坚实的物流保障。

一、阿里巴巴农村电商物流布局战略

1.阿里巴巴借助菜鸟物流送货入户

2013年5月，阿里巴巴成立了第四方物流网络公司——菜鸟网络，它是利用大数据和云计算等技术建立可以囊括全国各地的物流网络，支撑起全国每天300多亿的电商销售额，为国内“三通一达”在内的快递巨头提供了一个大数据资源共享平台。不但解决了“双十一”期间快递企业爆仓的问题，而且计划实现货物在全国各地次日达。在农村菜鸟网络建立了县域O2O物流体系，致力于做到货物次日签收，让农村消费者也享受到了次日达配送服务，这表明阿里巴巴正在努力解决“最后一公里”过程中的配送问题，让电商实质性地深入农村。

2.千县万村计划

2014年10月，阿里巴巴实施千县万村计划，自此以后，阿里巴巴在500多个县铺设了2.8万多个基础设施村点，1000个专属员工、2.8万名“村小二”、5万个服务体系的员工投身建设于农村淘宝，不断健全农村电商服务体系，以实现城市产品下乡和农产品进城的双向流通。

二、京东农村三级物流网络运营模式

京东规划的三级物流网络包含了干线、支线、终端三级物流网络，其结构如下。

1.省级仓

商品从京东的全国七大仓运送到各省会城市大仓。

2.干线无人机配送(第一级)

通过干线无人机，实现覆盖300千米的区域仓到仓的干线物流快速调拨。这一环节使用的是大型无人机，载重量是几吨级别的。

3.支线无人机配送(第二级)

支线配送是分中心之间的小批量快速转运。

4.终端无人机配送(第三级)

终端主要解决的是偏远地区和道路交通不便情况下的“最后一公里”难题,特别是偏远山区,京东无人机配送到京东在多数行政村设有的乡村推广员,这些推广员是京东在当地的重要合作伙伴,通过无人机降落在推广员指定的场地,然后乡村推广员再派送至最终客户。

5.无人机逆向物流

无人机逆向物流的应用快速打通农产品上行通道,将农村的农特产品,特别是有保险要求的农特产品,通过无人机逆向运送到城里,完成产业扶贫的重任。

三、苏宁农村电商物流布局战略

1.布局物流网点

苏宁物流大力发展基础建设,在14个区建设22条省内干线,为农村三四级市场开拓战略的落地做出了良好的铺垫。此外,苏宁开展的“物流云”项目,计划未来在全国建设多个自动化分拣中心、区域物流中心、城市分拨中心及社区配送站。

2.升级农村服务站,完善物流网

苏宁于2014年将原本200家乡镇售后维修点改造为集代替顾客下订单、“最后一公里”配送、售后维修保养等功能于一体的创新型乡村服务站点。与此同时,苏宁不断增加服务站数量,来延伸线下的物流网络,打造消费者“看得见的网购”。

3.直营店、服务站合力低成本调拨

苏宁的物流体系覆盖了全国90%的区县、84%的乡镇,全国1000多个乡镇都设立苏宁易购直营店。为了迅速占领农村电商市场,苏宁继续扩大对乡镇直营店的布局范围,努力做到直营店数量翻倍。为了解决农村物流成本高这一问题,苏宁物流优化运输路线,使多个直营店、服务站串成线,达到低成本调拨、一车覆盖一片区。

第四节　常见问题及解答

一、常用快递公司的联系方式

顺丰速运:95338

京东物流:950616

申通 E 物流:95543/400-8895-543

圆通速递:95554/021-69777888/999

中通快递:95311/400-8270-270

百世快递:95320

韵达速递:95546/400-821-6789

天天快递:4001-888-888

宅急送:400-6789-000

EMS:11183

全峰快递:400-698-0398

德邦快递:95353

二、什么是冷链物流

冷链物流泛指冷藏冷冻类食品在生产、贮藏运输、销售到消费前的各个环节中始终处于规定的低温环境下,以保证食品质量,减少食品损耗的一项系统工程。它是随着科学技术的进步、制冷技术的发展而建立起来的,是以冷冻工艺学为基础、以制冷技术为手段的低温物流过程。冷链物流的要求比较高,相应的管理和资金方面的投入也比普通的常温物流要大。

三、农产品电商的物流人员要做哪些工作

主要承担的工作有 3 个方面。

一是订单对接，即导出电商网站后台的订单数据，并将其转化为相应的物流单。

二是包装分配，即进行产品的打包和包裹的分配工作。

三是负责对接物流公司，物流人员对物流成本要有一定的分析控制能力，将物流成本降到最低。

物流工作十分重要，直接决定了客户的回头率，因此，物流人员要认真负责地对待每一个订单、每一位客户。

四、如何降低快递价格

首先，多和几家快递公司谈价格，谈好之后，尽量签两家快递公司，以备不时之需；其次，在电商集中地发货，如果订单少，可以选择借势的办法，去找附近单量比较大的电商，从他那里发货，用他们谈下的快递价格；或者联合几个电商，集中发货，也可以降低快递价格。

五、如何控制包装材料的成本

在选包装的时候，要考虑材料的成本。首先，选择性价比最高的包装材料供货商，可以联合区域内的其他农产品电商，一起与供货商讨价还价，通过增加进货量，降低包装材料价格；其次，在包装材料的管理中还需要做一些工作，比如在包装材料购入时要有记录，工作人员领取包装材料后要签字，包装完成后剩余的材料要如数返回，若包装过程中有损耗，应报告损耗的数量，并记录，严格控制不必要的浪费。

第七章

农村电商的风险与防范

农村电商活动的交易行为是通过网络进行的，买卖双方互不见面，缺乏传统交易中的信任感和安全感。与一般商业模式一样，农村电商面临着经营风险，但除此之外，还面临着网店风险和支付风险。那么如何防范这些风险呢?本章针对各种风险特点提出详细的防范措施。

第一节 经营性风险及防范

一、农村电商面临的主要经营性风险

1.市场风险

农村电子商务市场风险是指在开展电子商务活动的过程中，由于农产品市场供求失衡、农产品价格发生波动，或者由于信息不对称、市场前景预测偏差等因素，导致农村电子商务主体经济遭受损失的风险。农村电子商务市场风险主要表现为农产品市场预测产生偏差、供给与需求信息发生变动，导致农产品市场价格发生波动、农产品滞销等。农业市场信息的高度不对称性是引发农村电子商务市场风险的直接原因。

农业市场信息的高度不对称性主要源于两个方面：一方面农民在市场中很难及时寻找和准确解读市场需求，对市场的判断力比较弱，农民仅凭经验决定生产，缺乏有效信息，很难根据市场需求的变化及时进行生产结构的调整，使得我国农民的生产具有极大的盲目性；另一方面尽管我国涉农信息网站有 1 万个左右，却普遍存在信息雷同、准确性不高、时效差等问题，尤其缺少对农产品市场有预测性、指导性的信息。因此，我国农业市场信息的高度不确定性给我国农村电子商务的发展带来了巨大的风险。

2.运营风险

农村电商经营过程中的运营风险主要体现在“互联网”环境下的信息泄露问题上。①对于网店性质、个体经营的小经营者来说，电商的线上交易过程中会存在网店账号密码泄露风险；②对于农村电商企业来说，主要体现在管理和财务信息的泄露。在电商的交易模式中，互联网属于开放式协议，电商企业几乎所有的数据都要通过网络进行收集传输，在这个过程中，电商账号、密码等重大信息有可能会被不法分子拦截和盗取，造成财务风险。公司的财务信息泄露对企业的影响是巨大的，一旦这些信息无法收回或者被“用心良苦者”加以利用或倒卖，将对企业造成莫大的损失。

3.信用风险

在农产品的销售过程中，经过的每个环节的企业信誉度都会给农村电子商务的发展带来影响，这其中不仅包括农产品销售的企业本身，也包括配送产品的物流公司、银行及认证中心等，他们对合同的履行具有不可预测的不确定性。目前我国的信用体制不够完善，这一点也造成了西方电子商务的发展条件优势要远远好于我国。当前我国很多企业的信用度不高，存在着很多的债务纠纷，而且还有一些企业的法律意识淡薄，不能够严格遵守法律。在这种大的环境背景下，农业发展电子商务面临的风险主要体现在两个方面：一方面生产企业不能够按照合同的规定按时按质按量完成计划订单；另一方面企业在收到订货后没有及时付清货款，拖延货款、拒不支付。

二、防范措施

1.及时掌握农产品市场动态

对于农村电商经营者而言，其所经营的产品品类与市场形势变动息息相关。为规避市场风险，可以通过几种渠道及时掌握农产品市场动态。①关注权威网站、主流媒体公众号所发布的信息。虽然我国农产品市场信息网站鱼龙混杂，但包括国家级权威网站、大型农业物流批发市场网站等权威的渠道所公布的数据还是真实可信的，如中国农业信息网、北京新发地市场官网、中国寿光农产品物流园官网等。此外，关注主流媒体微信公众号，可以实时获取市场信息资源，帮助掌握市场动态。如“津沽农业通”提供天津市主要批发市场的蔬菜和水果每日价格，以及 3 年价格比较；北京市农业农村局创办的“菜篮子市场信息”公众号，提供北京市菜篮子产品价格分析简报，也是批发商户之间互动交流的平台；“中国蔬菜”公众号提供蔬菜产销信息及新产品、新技术信息。②前往农产品批发市场，实地掌握市场动态。在空闲时间前往当地或区域大型农产品批发市场，能够精准地掌握农产品种类、数量、价格等信息。

2.利用安全协议和身份认证技术保障电商运营安全

由于互联网的开放性造成在网络中传输数据的公共性，为了保证网络传输过程中数据的安全，就必须要使用安全的通信协议以保证交易各方的安全。例如可用S/MIME 协议、S-HTTP 协议、SSL 协议等。利用防火墙技术保证电子商务系统的安全，防火墙的目的是提供安全保护、控制和鉴别出入站点的各种访问。它建立起网络通信的控制过滤机制，从而有效保证交易的安全。

3.注重诚信，提高信誉

我国目前的社会信用体系不够健全，法律在该方面没有出台相关的政策予以控制，同时社会也缺乏监督力量，造成了很多企业的信用存在较大的问题。虽然农村电子商务发展处于初级阶段，但已经出现了很多的网络经济问题。域名使用权的争议、网络销售诈骗等各种各样的网络纠纷，在这种环境下，农村电商经营者必须注重诚信、提高信誉，不断通过网络渠道完善自身信用体系认证和网络资质认证，必要时可借助农产品质量追溯技术，实现产品可追溯，让消费者可以直接了解自己产品的追溯信息和自身信用度。此外，借助淘宝、京东等第三方平台经营的经营者也可以通过实名认证、缴纳保证金等方式来提高在平台上的信用度。

4.熟知农村电商政策法规

熟知国家现行法律、各部委相应法规，以及全国和地方的电子商务实施政策，包括电子商务类法律法规、网络购物类法规、电子支付类政策等三大部分。其中：电子商务类法律法规包括《中华人民共和国电子商务法》、商务部《电子商务模式规范》等；网络购物类法规包括《中华人民共和国消费者权益保护法》、国家工商行政管理总局（现为国家市场监督管理总局）《网络商品交易及有关服务行为管理暂行办法》等；电子支付类政策包括中国人民银行《非金融机构支付服务管理办法》《关于加强银行卡安全管理预防和打击银行卡犯罪的通知》等。

第二节　网点风险及防范

一、农村电商面临的主要网点风险

1.网点数量风险

县、乡一级电商网点布局对农村电商的顺利开展至关重要。目前各大电商在农村网点建设方面效果明显。截至 2018 年底，淘宝已在全国农村覆盖天猫直营店等网点约 3 万个；京东在四六级市场有近 2000 家“京东帮”直营店，1 万多家家电专卖店；苏宁针对四六级市场的加盟店零售云全国门店超过 4600 家。但我国幅员辽阔，乡镇总数 37 334 个，现有网点距离实现“最后一公里”全通畅仍有较大距离，许多地区开展农村电商仍面临着网点数量不足的风险。

2.网点质量风险

对于农村电商来说，光有网点数量是不够的，网点的辐射带动能力和物流服务水平也是影响电商发展的关键因素。优秀的电商网点应该有合理的组织架构、专业的工作人员、严格的管理制度和科学的考核机制，而从现阶段我国发展情况来看，网点质量尚待加强，在物流效率等方面尚有一定风险存在。

二、防范措施

1.实时跟踪订单，及时发现风险因素

物流公司一般有自己的网上信息系统，可以查询到商品的运单号。在经营者周边电商网点配套不理想的情况下，要随时关注运单号，跟踪所有业务过程，明确商品在终端和中间网点的确切情况。如果没有网点的信息，也要在物流开始前取得对方

的联系方式,便于及时监控。如果是采用邮局传递的商品,则尽量使用 EMS 方式。

2.准备应急预案,风险发生时合理退赔

农村电商的产品来源是农村,在网点建设亟须进一步加强。当前农村电商经营者总要面临快递丢失、产品损坏等情况,因此,准备好应急预案,有条件的可以将交易合同、物流合同等引入认证中心进行 CA 认证并备份。在风险发生时,便可以根据合同条款,合法、合理地进行理赔工作,减少损失。

第三节 支付风险及防范

资金支付是交易行为的最重要环节之一。不同于传统交易的现金支付方式,电子商务更强调支付过程和支付方式的电子化。分析支付风险,首先要了解农村电商主要采取的电子支付形式。

一、农村电商主要电子支付形式

1.网上银行

网上银行是银行借助个人电脑或其他智能设备，通过互联网技术或其他共用信息网,为客户提供金融服务。通过网上银行进行支付的方式由来已久,对于农村电商而言,规模较小的网店经营模式是最主要的经营方式,农产品多以 B2C 的方式直接面对单个消费者。网上银行虽然有家庭银行、企业银行、各种支付、信贷等多种功能服务内容,在家庭理财、企业财务管理等方面具备一定优势,但其进行单笔或数笔个人电子支付交易时流程较为复杂,缺乏便捷性。

2.手机支付

相对于传统的网上银行支付，手机支付是在近年来智能手机的普及和移动互联技术的发展基础上兴起的一种电子支付形式。所谓手机支付是指移动用户通过

其移动终端,对所消费的商品或服务进行账务支付的一种服务方式。手机支付一般而言有两种主要方式:一种是绑定银行卡或信用卡直接支付,该支付方式需要用户事先开通银行账户或信用卡结算许可,手机作为信息通道,直接将用户名下银行或信用卡账号与手机绑定,开通支付功能进行支付;一种是银联快捷支付,该支付方式无须将手机与银行卡进行绑定,但需要用户银行卡带有银联标识,支付时采用双信道通信方式进行通信,同步传输,更加安全便捷。

3.第三方支付

第三方支付是更加适用于农村电商的支付方式,随着电子商务的不断发展,以支付宝、微信为代表的第三方支付形式逐渐发展起来。所谓第三方支付就是指具备一定实力和信誉保障的独立机构,通过与网联对接而促成交易双方进行交易的网络支付模式。对于农村电商而言,用户在进行电商交易购买农产品时,使用第三方平台提供的账户进行货款支付,由第三方通知卖家货款到达进行发货;买方检验合格后,通知第三方付款给卖家,第三方将款项转移至卖家账户。

二、农村电商面临的主要支付风险

由于电商的全部交易过程几乎全部依赖互联网,网络平台经营环境是否安全可靠决定了电商企业能否顺利发展。对利用电子支付进行业务结算的企业来说,电商最主要的风险是支付风险,该类风险主要体现在支付信用风险和支付安全风险两个方面。

1.支付信用风险

网络交易的信用风险是指由于网络交易的虚拟化和特殊性,交易主体的信用信息不能为对方了解所引发的风险。买卖双方的信任是网络交易成功的基础,但是现阶段我国电子商务交易市场秩序较为混乱,网络信用纠纷时常发生,其主要表现有商品信息不全面、不准确导致产品质量无法保证、卖家发货不及时、客户的投诉不能得到及时有效的处理,以及买家的恶意退款、退货行为等。网络交易的信用风险产生的原因在于:一方面我国网络交易相关的法律法规不完善;另一方面对信用认识不足,当信用与利益发生冲突时,信用让位于利益。

2.支付安全风险

支付安全风险主要体现在两个方面:一方面是用户个人账户信息的泄露风险,另一方面是第三方平台的风险。当下在电商支付系统中,第三方支付成为最主流的支付方式。例如,买家拍下商品支付货款暂时存放于支付宝,待卖家发货、买家确认收货后再将货款转给卖方,避免了卖家收到货款而不发货的失信行为,提高了交易的安全系数。第三方支付平台能够在买卖双方中起到平衡的作用。虽然第三方支付发展迅速,但现实中一些小的第三方支付平台技术并不成熟,网络犯罪容易对其漏洞乘虚而入,所以电子支付制度的完善还需要不断革新信息技术,保证支付的安全性。

三、防范措施

1.选择可加密的支付方式

该方式适用于支持银行支付和手机支付的用户。可加密支付方式是利用身份认证技术保证电子商务系统安全的一种支付手段。由于电子商务是在网络中完成,交易各方不见面,为了保证每个参与者(银行、企业)都能无误地被识别,必须使用身份认证技术。例如,“安易递实名收寄公共服务平台”所采用的做法是在信息采集过程中,通过拍照提取寄件人身份证上的信息,自动推送给后台系统,并实时导入服务器,寄件人的身份信息不会滞留在快递员的手机 App 中。服务器的安全保密等级较高,避免了客户个人信息的泄露。此外,系统还对寄递用户的身份证号码、地址进行加密处理,部分信息会被隐藏。消费者在交寄邮件时,可放心进行实名登记。

2.选择可靠的第三方支付平台

目前支付宝、微信等第三方支付平台建设相对规范,可支付范围和支付金额都可以满足绝大多数农产品交易活动需要。因此,选择可靠的第三方支付平台,既可以规避因平台方技术问题造成的隐秘信息泄露,也可以使交易更加顺畅。

第四节　常见问题及解答

一、电子商务到底安全不安全

安全是相对的，没有绝对的安全。如果想要网站永远不受攻击、不出安全问题是很难的，要正确认识这个问题。作为电商经营者，应该综合考虑安全成本、网络速度，需要不断地检查、评估和调整相应的安全策略。

二、电子商务的常用安全措施有哪些

●分类设置密码并使设置的密码尽可能复杂。

●不下载来路不明的软件及程序，不打开来历不明的邮件及附件。

●警惕“网络钓鱼”。网上一些黑客利用“网络钓鱼”手法进行诈骗，如建立假冒网站或发送含有欺诈信息的电子邮件，盗取网上银行、电子商务用户的账户和密码。这里提醒读者，网上银行、电子商务用户要提高警惕，防止上当受骗。

●黑客入侵电脑的应对措施。面对木马入侵应提高防范意识，不要随意运行别人发来的软件，安装木马查杀软件。面对漏洞入侵，及时安装漏洞补丁。

●不要随意浏览黑客网站、色情网站。

●定期备份重要数据。如果遭到致命的攻击，操作系统和应用软件可以重装，而重要的数据就只能靠日常的备份。

附录　农业农村电商法律及政策解读

一、农业农村电商发展的利好政策

2015 年	2015.5.7	关于大力发展电子商务加快培育经济新动力的意见
	2015.7.4	关于积极推进“互联网 +”行动的指导意见
	2015.11.9	关于促进农村电子商务加快发展的指导意见
	2015.11.29	关于打赢脱贫攻坚战的决定
2016 年	2016.4.21	关于深入实施“互联网 + 流通”行动计划的意见
	2016.8.29	“十三五”全国农业农村信息化发展规划
	2016.12.29	关于印发《电子商务“十三五”发展规划》的通知
2017 年	2017.2.5	关于深入推进农业供给侧结构性改革加快培育农业农村发展新动能的若干意见
	2017.8.21	关于全力推进天津市农村电子商务发展实施方案的通知
	2017.8.22	关于深化农商协作大力发展农产品电子商务的通知
	2017.12.13	关于转发天津市农委拟定的农业农村“四个全覆盖”相关实施方案的通知
2018 年	2018.1.2	关于实施乡村振兴战略的意见
	2018.5.11	关于开展 2018 年电子商务进农村综合示范工作的通知
2019 年	2019.1.3	关于坚持农业农村优先发展做好“三农”工作的若干意见
	2019.1.14	关于深入开展消费扶贫助力打赢脱贫攻坚战的指导意见

二、电子商务法律法规

电子商务出现以来，我国陆续出台了相关法律法规。

●2000 年 12 月 28 日，第九届全国人民代表大会常务委员会第十九次会议审议通过了《全国人民代表大会常务委员会关于维护互联网安全的决定》。

●2004 年 8 月 28 日，第十届全国人民代表大会常务委员会第十一次会议通过了《中华人民共和国电子签名法》，2019 年 4 月 23 日修正。

●2012 年 12 月 28 日，第十一届全国人民代表大会常务委员会第三十次会议通过了《全国人民代表大会常务委员会关于加强网络信息保护的决定》。

●2018 年 8 月 31 日，第十三届全国人民代表大会常务委员会第五次会议通过了《中华人民共和国电子商务法》，自 2019 年 1 月 1 日起施行。

参考文献

[1]杨振荣.实战农业电子商务[M].北京：清华大学出版社，2017.

[2]陈俊杰，刘玉军，宋兆文.农村电子商务——“互联网+”农业案例模式[M].北京：中国农业科学技术出版社，2016.

[3]林禄苑，李校原.一本书搞懂农村电商[M].北京：化学工业出版社，2017.

[4]陈明泉.新农村建设视角下农业电子商务风险及防范措施[J].农业经济，2014(7)：123-124.

[5]杨俊峰.生鲜农产品电子商务配送模式及优化策略[J].物流技术，2014(5)：139-141.

[6]刘勇辉.生鲜农产品网络营销的物流促进研究[D].重庆：重庆交通大学，2014.

[7]相成久.基于新农村建设视角下农业电子商务风险及防范的探究[J].电子商务，2018(6)：59-60.

[8]周明海.新农村建设视角下的农业电子商务风险研究[J].经营管理，2015(23)：108-118.

[9]李国祥.农产品电商需谨防风险和泡沫[J].中国农村科技，2014(1)：38-39.

[10]李胜军.城镇化背景下农业电子商务潜在风险及对策建议[J].农业经济，2015(5)：35-36.

[11]刘维.我国农村电子商务物流配送模式初探[J].农村经济与科技，2014，24(9)：48-49，59.

[12]王丘，徐珍玉.农业电子商务应用手册[M].北京：化学工业出版社，2015.

[13]涂同明，涂俊一，杜凤珍.农村电子商务[M].武汉：湖北科学技术出版社，2016.

[14]张丹丹.青岩刘模式白皮书发布　解密中国网店第一村成功秘诀[N].浙江新闻，2016-04-11.

[15]石磊.“中国网店第一村”如何炼成　看义乌青岩刘村周东亮的一天[N].浙江日报，2019-01-15.

[16]商务部驻天津特派员办事处.天津市多举措支持农村电子商务发展[EB/OL].（2018 -03 -22）[2019 -06 -30]http://mini.eastday.com/mobile/180322142545582.html#.
[17]郑舒文,吴海瑞,柳枝.农村电商运营实战[M].北京:人民邮电出版社,2017.
[18]吕亚伟.农产品电子商务[M].北京:中国农业科学技术出版社,2017.
[19]王丘,徐珍玉.农业电子商务应用手册[M].北京:化学工业出版社,2016.
[20]刘珂.淘宝、天猫网上开店速查速用一本通[M].北京:时代出版传媒股份有限公司,2015.
[21]叶小荣.微商电商直播[M].北京:清华大学出版社,2018.
[22]孙凡卓.微商成交全攻略[M].北京:电子工业出版社,2018.
[23]孙凡卓.微商运营全攻略[M].北京:电子工业出版社,2016.
[24]骏君.微信营销方法 1+2+3[M].广州:广东经济出版社,2016.